幼儿教育"岗课赛证融通"微课版系列教材

Co-breeding Between Family,
Kindergarten and Community

家园社合作共育

主　编　邓卫东　郑　楠　严　丽

副主编　柯文芸　李松媛　胡善文　沈永强　王娅茜

参　编　梁芳蝶　杨香玉　凌　莉

ZHEJIANG UNIVERSITY PRESS
浙江大学出版社
· 杭州 ·

图书在版编目（CIP）数据

家园社合作共育 / 邓卫东，郑楠，严丽主编.
杭州 ： 浙江大学出版社，2024. 7. -- ISBN 978-7-308
-25267-6

Ⅰ. G61
中国国家版本馆CIP数据核字第2024LX1937号

家园社合作共育
JIA-YUAN-SHE HEZUO GONGYU

邓卫东　郑　楠　严　丽　主编

策划编辑	李　晨	
责任编辑	李　晨	
文字编辑	赵　钰	
责任校对	高士吟	
封面设计	春天书装	
出版发行	浙江大学出版社	
	（杭州市天目山路148号　　邮政编码　310007）	
	（网址：http://www.zjupress.com）	
排　　版	杭州林智广告有限公司	
印　　刷	杭州钱江彩色印务有限公司	
开　　本	787mm×1092mm　1/16	
印　　张	11.75	
字　　数	180千	
版 印 次	2024年7月第1版　2024年7月第1次印刷	
书　　号	ISBN 978-7-308-25267-6	
定　　价	39.80元	

浙江大学出版社市场运营中心联系方式：0571－88925591；http://zjdxcbs.tmall.com

　　儿童发展的整体性，不仅体现在教育目标上，即注重培养德、智、体、美、劳各方面均衡发展的儿童，更重要的是，在教育过程中还要为儿童的成长营造积极的整体环境。家庭、托幼机构和社区是影响学前儿童成长的重要环境。探讨家庭、托幼机构与社区之间的合作共育问题是特别重要的，它可以让学前儿童在有限的空间内享受到更好的资源，获得更多有益的帮助。家庭教育为学前儿童提供了最初的、基本的社会和人生观念，为学前儿童的学习和成长奠定了不可估量的价值基础。托幼机构（主要是托育机构、幼儿园）是专业的儿童保教场所，为学前儿童的发展提供了更多可能，使不同家庭的学前儿童都能受到更加公平的教育。社区教育是构建学习型社区的重要途径，也为学前儿童的成长提供了更多机会。然而，在家庭、托幼机构与社区的合作共育中还存在一些问题，需要进一步解决。

　　本书以与我国学前儿童保教相关的政策法规为主要依据，参考目前家庭、托幼机构及社区合作共育的研究成果，结合当下家园社合作共育的主要模式、途径及相关案例编写而成，旨在为学前儿童保教过程中的家园社合作共育提供参考。

　　总体来说，本书具有如下特点。

1.体现体例和内容的新颖性

　　本书每一章都按照学习导引、知识学习、知识测试与实践的模块顺序编写，在正文中结合内容对点穿插了知识小贴士、对点案例等栏目，使读者能更为轻松地领悟教授内容。书中融入了党的二十大精神，力求紧跟时代发展，贯彻落实新的学前教育政策与法规要求，并适当结合了中华优秀传统文化的内容，体现了课程思政的教育理念。

2. 突出内容组织与安排的实用性

本书紧密结合家园社合作共育的不同主体，在理解合作共育相关概念的基础上，强调合作共育的意义，既突出了家庭与托幼机构合作的重要性，又强调了社区在家园社合作中的重要地位。本书提供了大量有针对性的案例，这些案例紧密结合各主体工作实际，既能让读者从中获得真实体验，又能让读者从中获得感悟。

3. 线上、线下资源丰富

本书配有丰富的教学资源。其中，图片和案例资源都来自现实生活，能使读者在直观的视觉、实际的感受中学习家园社合作共育的相关知识；"小贴士"能针对性地为读者提供相应知识点的补充；二维码资源中有关于中华优秀传统文化的内容，有对知识点的补充，可以增强读者的学习体验，提高学习效果。

本书在编写过程中得到了各位编者所在单位的大力支持和帮助。书中还引用了一些国内外教育同行的研究成果，在此一并表示衷心的感谢。鉴于编者水平有限，而幼儿保教相关政策和实践经验在不断发展，书中有不足之处在所难免，敬请广大读者提出宝贵意见，以便我们后续修订完善。

编　者
2024 年 1 月

目录

CONTENTS

1

思维导图

第一章
家园社合作共育概述

第一章导入

◇ 德育驿站

用众人之力，则无不胜也。

——《淮南子·主术训》

◇ 本章导入

家庭对学前儿童的影响深远，但随着儿童进入托幼机构，学校、社区及其他社会机构对其影响越来越大。意大利著名教育家马拉古奇曾说："教育是由复杂的互动的关系所构成，也只有'环境'中各个元素的参与，才是许多互动关系实现的决定性关键。"家庭、托幼机构和社区对学前儿童的促进作用密不可分，它们都是学前儿童发展的重要环境因素。当前社会是一个开放的社会，学前儿童教育已被纳入开放的社会体系，家园社合作共育的理念更为深入。

◇ 知识目标

1. 理解家园社合作共育的相关概念、主要特征及价值。
2. 了解家园社合作共育的理论基础。

◇ 能力目标

1. 能解释说明家园社合作共育的主要特征及价值。
2. 能说出家园社合作共育的相关理论。

◇ 素质目标

1. 树立家园社合作共育的学前儿童教育理念。
2. 通过家园社合作共育理论基础知识的学习，理解家园社合作共育理论对实践的指导意义。

第一节　家园社合作共育认知

一、家园社合作共育的相关概念及主要特征

（一）家园社合作共育的相关概念

1. 对家园社的理解

（1）家，指家庭。家庭是我们每一个人的栖身之所，是人的心灵的依归。尽管不同的人在不同的历史年代对家庭的理解会有差异，但其基本的含义是一致的，即家庭是指由具有婚姻关系、血缘关系或收养关系的人们所组成的社会生活的基本单位。家庭有狭义和广义之分，狭义的家庭是指一夫一妻制构成的社会单元；广义的家庭则泛指人类进化过程中不同阶段的各种家庭利益集团，即家族。从社会设置来说，家庭是最基本的社会设置之一，是人类最基本、最重要的一种制度和群体形式。从功能来说，家庭是儿童社会化、供养老人、满足人类经济合作的亲密关系的基本单位。从关系来说，家庭是具有婚姻、血缘或收养关系的人长期居住在一起组建的共同群体。

（2）园，这里指学前儿童接受教育的单位或场所。3 岁以前的儿童，有的会到托育机构，有的会到幼儿园的托班；3 ～ 6 岁的儿童多在幼儿园。随着国家婴幼儿照护相关政策的发布，托育机构逐渐发展，对 3 岁以下儿童进行教养的机构，服务对象的下限已由原来的 1 岁调整为半岁，更小的婴儿则主要在家庭中接受教养。即将进入小学的儿童通常在幼儿园大班或者学前班。结合学前儿童教育机构的发展现状，本书所论述的园指为 6 岁以下儿童提供保教服务的托幼机构。

（3）社，指社区。社区是指由一定数量居民组成的、具有内在互动关系与文化维系力的地域性的生活共同体。地域、人口、组织结构和文化是社区构成的基本要素。社会是指除家庭、学校以外的所有人参与的环境和场所。社区是社会有机体最基本的内容，是宏观社会的缩影。由于受到年龄、经验限制，学前儿童的生活重心主要在家庭和托幼机构，此两者隶属一定的社区范围，社区及社区教育可以说是学前儿童面对社会的主要内容。

◎ 小贴士

　　"社区"一词源于拉丁语"communis"，原意是亲密的关系和共同的东西。我国学者在20世纪30年代将其译为"社区"。将"社区"作为社会学的一个范畴来研究是起源于德国的社会学家斐迪南·滕尼斯1887年所著的社会学名著《共同体与社会》。

　　2. 合作共育的相关概念

　　（1）"合作"在《现代汉语词典》（第7版）中的解释为"互相配合做某事或共同完成某项任务"。也有研究者认为，合作是指至少两个人在学习、工作、休闲或者在社会关系中互相配合、互帮互助，为了共同的目标，享受共同劳动成果的行为。合作是我们生活中普遍存在的现象，通过合作可以用更少的时间、精力、资源，达到更优的效果。意大利的瑞吉欧教育（详见第三章）非常倡导互动合作，强调幼儿园与家长、社区之间的互动合作。

　　（2）育，指教育。教育伴随着人类社会的产生而产生，随着社会的发展而发展。从总体上看，在近代以前的文献中，"教"和"育"两个字很少合用。思想家和普通百姓在论及教育问题时，更多使用"教"与"学"两个字，两者之中，又以"学"为多。从社会的角度来定义"教育"，可以把"教育"区分为不同的层次。我国教育学界普遍从广义和狭义两个层面来理解"教育"。广义的教育指所有能增进人的知识和技能、发展人的智力和体力、影响人的思想观念的活动。它可能是无组织的、自发的、零散的，也可能是有组织的、自觉的、系统的，包括学校、家庭和社会的教育。狭义的教育一般指学校教育，即教育者根据一定的社会要求和受教育者身心发展的规律，对受教育者所进行的一种有目的、有计划、有组织地传授知识和技能、培养思想品德、发展智力和体力，把受教育者培养成为一个社会所需要的人的活动。另外，还有一种更狭义的教育，即思想教育活动。从个体角度来定义，强调社会因素对个体发展的影响，往往把"教育"等同于个体的学习与发展过程。也就是说，教育是在一定的社会背景下发生的，促使个体的社会化和社会的个性化的实践活动。结合教育的概念，广义的学前儿童教育指所有能增进学前儿童的知识和技能、发展学前儿童的智力和体力、影响人的思想观念的活动。它包括学前儿童所在托幼机构的教育、家庭的教育和社区的教育。因为学前儿童年龄较小，对学前儿童的教育应遵循"保教结合"的原则。

◎小贴士

据现有史料记载，最早将"教""育"二字用在一起的是孟子。《孟子·尽心上》中有"得天下英才而教育之，三乐也"的说法，其中的"教育"基本等同于"教"与"学"。

3. 家园社合作共育的概念

结合对"家园社""合作"以及"教育"的理解，家园社合作共育可以理解为，在一定的社会背景下，由托幼机构及保教人员、学前儿童家庭及家长、社区及社区工作人员，三方尽其所责、尽其所能地在学前儿童成长的过程中，形成教育合力，以学前儿童的发展为宗旨，对学前儿童进行的各方面的教育和影响。

（二）家园社合作共育的主要特征

1. 多元化

多元化指的是家园社合作共育中参与主体是多元的。教育的力量是社会化的，充分发挥教育的作用，需要多方力量的共同汇聚。家园社合作共育中参与的主体既包括托育机构、幼儿园等托幼机构，也包括家庭和社区，也就是说其中的"教育者"是多元的，有保教人员、家长、社区中的人员等，他们都是学前儿童教育的重要力量。这些"教育者"因共同的教育目标而汇集在了一起。

2. 协同性

协同性指的是教育过程中互相协作，这也是合作共育的本质要求。教育过程中的协同是为了确保共同教育目标的最终实现。教育过程协同的实现需要顺畅的沟通机制和灵活的协调机制，来确保各方信息资源等的即时共建、共商与共享，从而建立平等、信任、积极参与的氛围与环境，使学前儿童教育向好的方向发展。

3. 多向性

多向性指的是教育互动与教育影响是多个方面的。家园社合作共育中既有一对一的双向教育，又有多对一的多向教育。例如，双向教育可以是家长对儿童、教师对儿童、社区对儿童等；多向教育可以是家长与教师对儿童，家庭、托幼机构、社区共同对儿童等。这种多层次、多维度的互动是一个相互影响和交互作用的过程，各主体能在互相的影响中形成一个协同型、成长型和学习型的共同体，有助于促进实现育儿童、育家庭、育社区等的多重效果。

4. 开放性

开放性指的是家园社合作共育的内容和范围是开放的。合作共育强调各教育主体要以开放和包容的心态去深度挖掘和整合其他主体的教育资源，从而拓展学前儿童的学习场域、学习内容和学习条件，为学前儿童的操作体验和探索学习提供更多可能性。

📋 **对点案例**

幼儿园"走出去"送节日祝福

在这个春光明媚的美好日子里，宝贝幼儿园开展了"走出去"送节日祝福活动。孩子们在老师的带领下走进社区的超市、商场，用自己暖心的行动，向阿姨、奶奶等长辈们送上了充满爱的妇女节祝福！

在老师的引导下，孩子们积极动手又动脑，通过折、剪、粘贴等方式，为长辈们准备了独一无二的礼物。孩子们拿着自己亲手制作的小礼物，走进商场，通过一份份小礼物把美好的节日祝福送给阿姨们、奶奶们。收到礼物的阿姨们、奶奶们脸上露出了甜甜的笑容，她们有的抱抱孩子，有的把孩子揽在怀里和他们拍照留念，此番情景温馨而又感人！愉快的时间总是过得很快，活动在孩子们的一声声"再见"中圆满地结束了。

生活即教育，把丰富的社区资源转变成生动的教育活动课堂，对孩子们而言，更加真实而有意义！看到孩子们那一张张灿烂的笑脸，我们相信爱的种子已在每个孩子的心中生根发芽！

5. 规范性

规范性指的是家园社合作共育中的管理和实施应有一定的规范。合作共育是一个复杂的过程，为保障共同目标的实现，需要有一定的规范去引导、管理和约束。建立规范的目的是使合作共育的实施过程更加合理，因此相应的规范需要各主体的参与，并需获得一致认可。只有这样才能为多主体各司其职、各尽其责奠定基础。

二、家园社合作共育的价值

家园社合作共育对学前儿童及其家庭、托幼机构、社区等都具有一定的价值。

（一）促进学前儿童个体发展

1. 提高学前儿童的认知水平

家庭和社区资源都是学前儿童积累生活经验的素材，这为教育活动走进家庭和社区奠定了良好的基础。家园社合作共育拓宽了学前教育资源的范畴，丰富了学前教育的内容和方式，使学前儿童有更多的机会接触更多的事物，有更多的可能去探索、发现，有助于提高学前儿童的认知水平。

2. 促进学前儿童的社会化

个体无法离开自然的基础，但社会和文化的生命形态更为重要，学前儿童的社会化强调的是其在个体精神和社会意义上的成长。家庭是个体社会化的起点，托幼机构拓展了社会化的内涵，社区延伸了社会化的范畴。家园社合作共育形成的教育合力更有利于促进学前儿童的社会化。

3. 使学前儿童养成良好的行为习惯

行为习惯是在长期的实践活动中经过不断重复而逐渐积淀下来的、自然而然的行为方式。行为习惯对学前儿童的成长至关重要，良好的行为习惯是人一生的财富。家园社合作共育形成的教育合力强调教育理念、目标的一致性，这更有利于学前儿童良好行为习惯的养成。

（二）培养家庭的育儿意识与能力

家庭是学前儿童的第一所学校，父母是学前儿童的第一任教师。家园社合作共育对家长具有重要价值。

1. 增强家长参与合作共育的意识

家长在学前儿童的教育中占据重要地位，发挥着重要作用。家长可以参与到托幼机构的教育当中，为托幼机构提供丰富的社会资源，家长可以参与到社区儿童教育活动中，为社区教育和国家教育事业作贡献。

2. 提高家长科学育儿的能力

在家园社合作共育中，各方力量会相互汇聚，各方智慧会相互碰撞。在这一过程中，家长既能与时俱进，不断更新自己的教育观念，也能学习到新的教育方法，持续提升教育技能。

（三）提高托幼机构的建设水平

1. 有助于托幼机构开发园本课程

园本课程作为自主开发的个性课程，是实现教育目标和促进儿童发展的媒介，涵盖了儿童的学习和生活。园本课程的建设着眼于托幼机构的实际问题和客观条件。合作共育扩大了托幼机构进行教育可利用的资源范围，为园本课程的开发提供了更多的素材和内容。

2. 有助于提升保教人员的综合素养

合作共育中托幼机构占据主导地位，而作为保教工作的直接实践者，保教人员的专业水平影响着保教工作的质量和水平。家园社合作共育对保教人员来说既是机遇，又是挑战。家园社合作共育给予了保教人员更多锻炼的机会，包括资源开发与利用、多方组织与协调、活动设计与实施等，有助于提升保教人员的综合素养。

3. 有助于提高托幼机构的整体教育质量

培育什么样的人，用什么样的方式培养人，这都是衡量教育质量的重要标准。学前儿童教育作为基础教育的基础，能为人一生的发展奠定基础。家园社合作共育能凝聚起教育力量，将教育资源化零为整，通过不断提升人员素质和不断优化教育活动，为托幼机构整体教育质量的提升提供保障。

（四）有助于社区更好地建设与发展

1. 有助于社区资源的充分利用

家庭和托幼机构依托于社区，是社区的组成部分，受益于社区，也服务于社区。家园社合作共育有利于提高社区资源的利用率，促使社区分散的资源整合成新的资源，有利于丰富社区活动的类型，使社区更好地发展。

2. 有助于构建和谐的社区关系

家园社合作共育以共同的教育目标凝聚在一起，在合作共育的过程中，各类教育力量之间彼此尊重、增进交流、共享资源，能建立起和谐的互利共赢关系，密切社区各组织、各人员之间的联系，使社区和谐稳定地发展。

第二节　家园社合作共育的理论基础

一、社会生态系统论

（一）生态心理学理论

美国生态心理学理论的奠基人巴克和赖特认为，人类行为的一个主要特征就是它的变化性，个体的行为反映了人的内部组织（如细胞组织、肌肉、激素等）与外部环境（如托幼机构、家庭等）之间的相互联系。因此，在研究自然情境中所发生的个体行为变化时，必须关注人所处的生态环境。巴克和赖特所认为的生态环境，是由限定的时空场所以及处于该场所的大部分人的行为方式组成的。在这样的生态环境中，人们的行为方式既丰富又相对稳定。

个体一旦进入一个行为情境，其行为就会受到这个行为情境的影响。儿童的行为及其发展是在特定情境中进行的，如特定的家庭、社区、学校环境，其行为情境的数量不同，决定了儿童不同的行为模式。例如，有些社区鼓励儿童到社区各类学校操场、社区活动中心、商场、图书馆、书店、游乐场，而另一些社区较少或没有鼓励儿童进入。这种儿童可以自由选择和进入的行为情境数量的差异，持续而稳定地影响着生活在其中的儿童，影响着他们在社区、学校和家庭中的行为模式、表现机会和负责任机会，进而影响他们的行为和成长。

行为情境在很大程度上依赖人们活动的开展和保持，影响着人群中某种社会地位的构成。如果给学校、家庭和社区创设更多的行为情境，那么教师、家长和其他家庭成员，以及儿童等将有更多的机会去承担重要的角色、完成重要的工作。

（二）复杂社会关系层次结构理论

英国动物行为学家罗伯特·海恩德用生态学的研究框架分析人的社会行为问题，并对人类的家庭关系和同伴关系进行了大量研究。

海恩德认为，人和人之间的社会关系是一个复杂的社会关系层次结构。

该层次结构由六个层次组成，依次为生理因素、个体行为、个体间互动、已知个体间的关系、团体、社会。每个层次相对独立，受到邻近层次的影响，也影响着邻近层次。

海恩德强调家庭关系对儿童个性发展的影响，强调父母角色对儿童教养实践的重要性。他认为，儿童既影响自己与家庭其他成员的关系，也受到这种关系的影响，进而形成了一个关系网络。家庭的人际关系和在这种关系基础上的儿童与其家庭成员之间的互动，将影响甚至改变儿童的发展进程。家庭已有的人际关系隐含了家庭的历史和认知与情感的成分，家庭的人际关系直接嵌入更为复杂的社会关系的其他层次中。这些都作为家庭成员之间互动的背景并受其影响，进而影响每一个家庭成员的发展和适应。

（三）人类发展生态学理论

尤里·布朗芬布伦纳认为，个体生活的环境是一个更广阔的，由不同层次、不同性质的环境相互交织在一起构成的一个既有中心又四处扩散的网络。这个生态环境包含微观系统、中间系统、外层系统和宏观系统，各个系统对儿童发展都有一定的影响。

对于学前儿童来说，微观系统是指儿童自身的生理、心理特征，以及儿童的父母、教师等与儿童接触最为密切的人员都在生态系统的最内层，构成儿童发展的小系统；中间系统是两个或多个微观系统的联结；外层系统是由儿童环境中那些正式和非正式组织要素组成的，是儿童非即时性的环境；在微观系统、中间系统和外层系统之外的是宏观系统，它由社会文化、行为规范和准则、法律等构成。随着时间变化，以上生态系统会受到影响，如儿童年龄增长导致的变化，换老师、转学等产生的变化等。

（四）人类发展文化本质理论

文化心理学认为，人是在特定文化环境及变化的社会中发展的。在文化心理学崛起的过程中，美国心理学家芭芭拉·罗高福于2003年出版了《人类发展的文化本质》一书，归纳了她近30年的实地研究和理论建树，从多方面阐述了文化在人类发展和学习中无所不在的作用，并从历史的角度描述了这种作用的变化过程，考察了儿童学习的多种条件和环境。

罗高福用"文化社区"的概念代替社会文化理论中的"文化"，强调儿童成长的文化社区是由各种参与者（而非"成员"）所组成的，这些参与者是

认可某种条件而成为社区一员的，如社区领导、家庭、教育机构和服务行业的人等，他们可以是本社区成员，也可以来自其他社区。

罗高福认为，个人的所有活动都是在文化社区中进行的，人总是一个社会文化活动的参与者。儿童既受到生活中各种活动的引导，也为社会文化活动作出自己的贡献，影响和推动他所参与的这些活动。

罗高福认为，对儿童教育问题的研究必须首先把儿童放在文化社区和文化过程中考察。为此，要将儿童置于社会生态环境中，了解他们参与的活动，了解儿童如何进行和改变他们的日常活动。儿童教育机构要把儿童的文化过程和教育过程结合起来，思考对儿童的教育内容和教育方式。

二、协同理论

协同理论又称"协同学"或"协和学"，是 20 世纪 70 年代以来，在多学科研究基础上逐渐形成和发展起来的一门学科，是系统科学的重要分支理论。协同理论主要研究远离平衡态的开放系统在与外界有物质或能量交换的情况下，如何通过自己内部的协同作用，自发地出现时间、空间和功能上的有序结构。从系统的角度看，协同就是由无序走向有序的状态。协同论不仅关注协同，而且更注重发展，其强调两个或者两个以上的个体相互协作完成某个共同目标，达到和谐发展的效果。

协同理论具有广泛的适用性。教育是一个复杂开放的系统，社会的变革与发展对人的要求时刻在发生变化，这给教育事业带来新的挑战。如果教育系统内部，人、组织、环境等各子系统内部，以及它们之间，相互协调配合，共同围绕目标协力运作，就能产生"1+1 ＞ 2"的协同效应；反之则会发生冲突和摩擦。协同理论能够指导家园社共同育人由无序走向有序，为三方之间的教育协作奠定理论支撑。

三、治理理论

治理理论首先用于政治学领域，它隐含着一个政治进程，即在众多不同利益共同发挥作用的领域建立一致性或取得认同，以便实施某项计划。20世纪 90 年代以来，西方政治学家及经济学家赋予"治理"一词新的含义，治理开始被广泛应用于社会经济领域。各种治理理论不断发展，如国家治理理论、地方治理理论、企业治理理论等。

教育是社会公共事务的重要组成部分。治理理论能为教育行政部门向社区、托幼机构和学前儿童家庭赋权，使得三者在教育行政部门引导下充分发挥积极性，并形成教育合力。

四、多元智能理论

美国心理学家霍华德·加德纳在1983年出版的《智能的结构》一书中提出一种建立在生理与神经基础上的多元智能理论。这种理论认为每个人身上都同时拥有八种智能，且各智能在不同的个体身上的表现程度不同。这八种智能分别为：言语—语言智能、逻辑—数理智能、视觉—空间智能、身体—动觉智能、节奏—音乐智能、人际交往智能、自知自省智能、自然观察智能。他提出了"智能本位评价"的理念，扩展了学生学习评估的基础；他主张"情景化"评估，改正了以前教育评估的功能和方法。

多元智能理论为家园社合作共育提供了重要的理论基础。家庭和社区共同参与到托幼机构的教育中，能为学前儿童发展挖掘出更加丰富的资源，创设出更好的环境，对学前儿童进行更为适合的教育。

五、需求层次理论

美国心理学家亚伯拉罕·马斯洛提出了需求层次理论，该理论将人的需求分为五个层次，从低到高依次为：生理需求、安全需求、爱与归属的需求、尊重的需求、自我实现的需求。

需求层次理论启示我们，在开展家园社合作共育时，既要考虑自身需求，还要兼顾合作对象的需求。例如，托幼机构要依据每个家庭的情况，设计和开展丰富多彩的共育活动，以满足儿童的不同需求，积极引导家庭和学前儿童向更高层次的需求发展，以促进学前儿童身心的健康发展。托幼机构在与社区进行合作共育时，不能只向社区索取资源，而应根据社区的实际需要，积极给予支持和帮助，从而与社区建立良好的合作伙伴关系。

颜之推的幼儿
教育思想

知识测试与实践

一、知识测试

（一）单项选择题

1. 家园社合作共育中参与的主体有托幼机构、家庭和社区等，这主要体现了家园社合作共育的（　　）。

A. 协同性　　B. 多向性　　C. 开放性　　D. 多元化

2. 海恩德认为，人和人之间的社会关系是一个复杂的社会关系层次结构，该层次结构由（　　）层组成。

A. 三　　　　B. 四　　　　C. 五　　　　D. 六

（二）判断题

1. 家园社合作共育是指各方主体分别对学前儿童的教育。（　　　）

2. 多元智能理论认为每个人身上都同时拥有八种智能，且各智能在不同的个体身上的表现程度不同。（　　　）

（三）问答题

家园社合作共育的价值主要有哪些？

第一章知识测
试参考答案

二、实践题

1. 描述发生在身边的家园社合作共育案例（两方或三方进行的合作共育），并在小组内进行分享。

2. 运用家园社合作共育的一种理论，对前述案例进行分析说明。

第二章

学前儿童家庭教育、托幼机构教育和社区教育

第二章导入

◇ 德育驿站

人性如素丝，染于苍则苍，染于黄则黄。

——《墨子·所染》

◇ 本章导入

对于学前儿童来说，家庭、托幼机构和社区属于不同的环境，因此家庭教育、托幼机构教育和社区教育有不同的内容、特点与要求，但它们共同对学前儿童产生影响。

◇ 知识目标

1. 理解学前儿童家庭教育的概念、目的、主要内容及特点。
2. 掌握学前儿童家庭教育的基本原则和主要方法。
3. 熟悉托幼机构的类型、保教工作、目标和原则，以及环境创设的基本要求。
4. 理解社区教育和社区学前教育的概念、特点及作用。

◇ 能力目标

1. 能举例说明学前儿童家庭教育的基本原则和主要方法。
2. 能举例说明社区学前教育的特点及作用。

◇ 素质目标

1. 通过对不同类型教育相关知识的学习，增强教育学前儿童的社会责任感。
2. 通过举例说明不同类型教育的基本原则、方法、特点和作用，进一步理解家园社合作共育的必要性，强化家园社合作共育的理念。

<h1 style="text-align:center;color:#e8836b">第一节　学前儿童家庭教育</h1>

一、学前儿童家庭教育的概念及目的

（一）家庭教育的概念

关于家庭教育，学术界有众多的定义和解说，但归纳起来可分为广义和狭义两种。广义的家庭教育是指在家庭生活中家庭成员之间相互给予的一种教育和影响。狭义的家庭教育是指在一定的家庭文化背景下，由父母或其他年长者自觉地、有意识地对未成年的子女和其他年幼者施加的有助于他们社会化和形成健全人格，以及促进其身体、社会、认知等全面发展的教育影响活动。

◎小贴士

关于家庭教育，《教育大辞典》的解释是："家庭成员之间的相互教育，通常多指父母或其他年长者对儿女辈进行的教育。"《中国大百科全书·教育》中的解释是："父母或其他年长者在家庭内自觉地、有意识地对子女进行的教育。"《中华人民共和国家庭教育促进法（2021）》第二条指出："本法所称家庭教育，是指父母或者其他监护人为促进未成年人全面健康成长，对其实施的道德品质、身体素质、生活技能、文化修养、行为习惯等方面的培育、引导和影响。"

（二）学前儿童家庭教育的概念

学前儿童家庭教育的概念有广义和狭义之分。

广义的学前儿童家庭教育主要是指家庭成员之间的相互影响和教育。一方面，在家庭生活中，父母或其他长辈要对学前儿童实施教育、施加影响。在家庭中，由于父母或其他长辈在身份、地位、身心发展水平及社会生活经验等方面具有优势，而学前儿童在生活、情感、心理等方面具有依赖性，所以学前儿童在家庭环境中的成长主要受父母或其他长辈的教育和影响。另一方面，父母或其他长辈也会受到学前儿童的影响和教育。例如，父亲、母亲不是一开始就会做父亲、母亲，儿童的出生是父亲、母亲角色转变的开始。他们正是在对儿童的培养中，理解了为人父、为人母的真正意义，并从中接受教育。

狭义的学前儿童家庭教育指的是在家庭生活中，由家长（主要是父母或其他长辈）对学前儿童进行的教育和施加的影响。不论这种教育是有意识的、自觉的，还是无意识的、不自觉的，都发生在家庭生活之中，并以亲子关系为中心，从德、智、体、美、劳几方面积极地影响着学前儿童。本书所探讨的学前儿童家庭教育是狭义的层面。

 **对点案例**

父母在教育孩子中成长

下面为一些家长从教育孩子的过程中获得的感悟。

感悟一：以前真的对爸爸妈妈没那么深的情感，等到长大了，结婚了，生子了，才知道父母的艰辛和劳累，二十多年的养育之恩是难以报答的，趁现在还有时间，好好地孝敬父母，不要等到他们老了再去尽孝心，好好爱他们，他们才是我们一辈子最应该感谢和报答的人。

感悟二：自从有了孩子，才深刻地知道父母有多么不容易。小的时候父母辛辛苦苦地把我们养大，我们从呱呱坠地到牙牙学语，喊出第一声爸爸妈妈，迈出人生的第一步，都饱含着父母的艰辛。父母教导我们做人的道理，领着我们一步步在人生的道路上前行，直到我们拥有了自立的能力。父母老了，他们的背驼了、腰弯了，走路也需要借助拐杖，这个时候做子女的就要尽到赡养父母的责任，做好父母的拐杖，扶着他们走完剩下的人生路程。

（三）学前儿童家庭教育的目的

对于学前儿童来说，学前儿童家庭教育的目的是指对家庭所要培养的学前儿童的发展预期的总的设想或规划，也就是说，使学前儿童在德、智、体、美、劳等方面健全发展的基础上，个性得到发展，将来成为有益于国家和社会的合格人才。其目的由两部分构成：一是对家庭教育所要培养的学前儿童的身心素质作出规定，以形成某种预想的个性结构；二是对家庭教育所要培养的学前儿童的社会价值作出规定，使学前儿童符合一定的社会需要。学前儿童家庭教育目的是学前儿童家庭教育活动的出发点和归宿，制

约着学前儿童家庭教育的原则和方法。因此，学前儿童家庭教育的目的对学前儿童及其家庭具有十分重要的作用。

二、学前儿童家庭教育的主要内容

对于学前儿童来说，家庭教育的内容主要由健康教育、情感教育、智能教育和美育等部分组成。在学前儿童身心发展的过程中，这几个方面的内容是相辅相成、共同作用的。而且，健康教育是家庭应关注的首要内容。

（一）健康教育

家庭健康教育是指以家庭为整体，对儿童进行的以促进身心健康为主的教育。家庭健康教育，不管是有意识的、有目的的，还是无意识的、潜移默化的，对儿童健康知识的获得、健康态度的转变，以及健康行为的养成都会起到积极的作用。学前儿童正处在生长发育的重要时期，在发展过程中有相应的生理和心理特点，其生活自理能力差、心理发展不成熟，因此学前儿童的健康成长离不开科学的家庭培育。学前儿童家庭健康教育的具体内容主要有以下几个方面。

1. 个人卫生教育

对学前儿童进行个人卫生教育，特别是从小培养儿童良好的个人卫生习惯，对于维护和增进儿童机体的健康，预防疾病的产生具有极为重要的意义。学前儿童行为的可塑性大，这个时期正是培养他们养成良好卫生习惯、纠正不良习惯的好时机。主要培养的个人卫生习惯如下。

（1）生活自理习惯与能力。培养学前儿童自己洗脸、洗手、早晚刷牙、穿脱衣服鞋袜、吃饭、收拾整理玩具和日常用具等生活习惯和自理能力。

（2）有规律的生活习惯。要训练学前儿童按时睡眠，定时定量饮食及每天大小便等有规律的生活习惯。

（3）清洁卫生习惯。要让学前儿童养成勤洗手、勤洗澡、勤换衣、勤剪指甲等清洁卫生习惯，学会使用手帕、面巾和浴巾，或使用一次性的卫生纸巾，特别是在咳嗽、打喷嚏时，会用手帕或纸巾捂住口鼻。要教育儿童不要用手挖耳、抠鼻、揉眼，也不要将手指、蜡笔、铅笔等放入口中。

（4）学习卫生习惯。要培养学前儿童良好的阅读、绘画、写字、唱歌等学习习惯，保持正确的坐姿、站姿，注意用眼卫生，并保持书籍、玩具的清洁。

2. 心理健康教育

对学前儿童实施的心理健康教育主要是通过培养儿童健全的个性，使儿童养成良好的心理卫生习惯，以及帮助其学习消除心理紧张的方法等。心理健康教育涉及范围较广，主要包括以下几个方面。

（1）让学前儿童学习适当表达情绪情感和思想的技能和方法。

（2）培养学前儿童对自己和对他人的积极情感。

（3）帮助学前儿童改善与人交往的技能。

（4）培养学前儿童形成与人合作、分享和商量的品质。

（5）增强学前儿童自知和自我接受的意识。

（6）让学前儿童初步养成良好的行为习惯。

（7）培养学前儿童对心理健康问题的觉察能力，使其自觉抵制有损心理健康的行为。

3. 营养与饮食卫生教育

对学前儿童施行的营养卫生教育应与饮食卫生习惯的培养同时进行。营养与饮食卫生教育主要包括以下三个方面。

（1）让学前儿童初步认识人体所需的各种营养素，让他们粗略地知道从哪些食物中获得这些营养素，并知道要多吃富含粗纤维的蔬菜等食物。

（2）培养合理膳食的习惯，自觉食用多种食物，不挑食、不偏食，进食时保持良好的情绪。

（3）培养良好的饮食卫生习惯。例如，饭前洗手，进食定时、定量，细嚼慢咽，不边吃东西边说笑；不乱吃零食，不吃霉变、腐坏的食品，不吃被农药、金属毒物等污染的食品等。

4. 消费卫生教育

学前儿童早期建立的对商品和服务的态度、选择和使用习惯会对其一生的身心健康产生重要的影响。家长要培养儿童掌握各种消费物品和服务对健康产生影响的初步识别能力，为日后形成稳固、健康的消费行为和习惯打下基础。

5. 环境卫生教育

家长对学前儿童进行的环境卫生教育应从小处着手，主要如下。

（1）教导学前儿童注意公共环境卫生，不乱涂乱画，不随地吐痰、大小便。

（2）教导学前儿童如有废弃物，要丢在垃圾桶里。

（3）教导学前儿童保持室内外清洁、干净。

（4）关于疾病预防和控制，要让学前儿童懂得健康的行为和习惯有益于预防疾病，使学前儿童初步形成个体在疾病预防中的责任感，并在日常生活中初步形成有益于健康的行为和习惯，能较为自觉地预防疾病。

6. 性教育

学龄前期形成的性观念和性认识，会成为成年后性行为形成的主要影响因素之一。性教育应从儿童刚出生时就开始，通过教育，让儿童逐步学习各种有关性的知识，防止儿童产生性压抑，使儿童逐步确立正确的性态度，培养儿童正确的性别认同和性角色意识。学前儿童对性知识仅表现为纯粹的求知兴趣，所关心的只是自然界和人的因果关系，他们会提出诸如自己是从哪来，男孩和女孩如厕方式为何不一样等问题。家长不应回避，但是也不必主动去提问或解释。家长可以有意识地利用自然界的现象和日常生活情景，让学前儿童逐渐认识一些关于动植物和人类繁衍后代的知识，以及不同性别的人在社会生活中的作用。

（二）情感教育

学前儿童家庭情感教育是指家庭对学前儿童实施的，旨在培养学前儿童健康积极的情绪情感状态，塑造其良好的文明品行，促进其社会交往，使其形成健康人格的教育。在实施时要注意如下几点。

一是家长要为儿童营造温馨、和谐的家庭情感氛围，处理好亲子关系。家长要给予儿童关爱，教会儿童体会、理解父母的爱，并学着去爱父母、爱他人；家长要尊重儿童的情感，但不能对儿童毫无原则。

二是家长要丰富儿童的情感体验。家长要增加儿童进行人际交往的机会，有意识地从生活中挖掘情感教育的素材，丰富儿童的情感体验。

三是家长要培养儿童调节情绪的能力。当儿童出现各种情绪时，家长要正视和承认这种情绪而不是回避。家长要帮助儿童学会恰当地表达和合理地宣泄自己的情感情绪，要设立一定的规范，让儿童明白宣泄情绪要有一定限度，不能妨碍他人。家长还要通过自身乐观面对生活的态度影响儿童。

（三）智能教育

学前儿童家庭智能教育是指家庭对学前儿童实施的，旨在帮助学前儿童扩大知识领域、发展智力潜能、学习技能技巧等的教育活动。家长在儿童的智能发展中扮演着启蒙者的角色,家长要尽可能地创造条件,使儿童既有动脑又有动手的机会,使其心智发展水平与动手能力相协调。

学前儿童家庭智能教育的主要任务包括:向学前儿童传授周围自然界和社会生活中的知识、常识;发展学前儿童的智力;培养学前儿童的学习兴趣、求知欲望和良好的学习习惯;发展学前儿童的口语表达能力。

(四)美育

家庭美育就是在家庭中对儿童进行的审美教育。家庭美育是通过家长的言传身教和家庭环境的熏陶,启发、引导学前儿童从小热爱一切美好事物的一项重要的家庭教育内容。家庭美育的主要任务如下。

一是培养美感和初步的审美能力。美感和审美能力是对美进行感知、鉴别、欣赏和理解的能力。学前儿童的美感和审美能力尚不成熟,他们既不善于发现现实生活中各种美的事物,又缺乏对美进行鉴别、欣赏和理解的能力。因此,家长应加强培养,不仅要有目的、有计划地引导儿童去感知现实生活中不同形式的美,还要帮助他们逐步分辨美和丑、好和坏。

二是培养艺术兴趣和才能。培养艺术兴趣和才能有助于提高个体的文明修养和思想境界。家长除了要教给儿童一些简单的艺术技能外,还应着重发展儿童的艺术创造力,避免让他们一味地模仿。

三是培养文明的举止。家长应在日常生活中注意培养儿童文明的举止行为,如教育儿童与人交往时要热情、大方,要有礼貌;在公共场所要遵守纪律,爱护公物,保持清洁卫生;在衣着仪表方面要注意美观、整洁等。

三、学前儿童家庭教育的主要特点

(一)时代性和社会性

在不同的历史时期,由于国家政策、经济水平、家庭结构等因素的不同,家庭教育呈现出不同的特点。例如,在20世纪50年代至70年代,我国的家庭中教育对象(子女)数量多,教育的内容以文明礼貌、艰苦朴素为主,而到了20世纪80年代至90年代,则发生了许多变化,独生子女成为主要的家庭教育对象,创造教育、情感教育成了家庭教育的重要内容。

在不同的国度,由于政治制度、文化观念、教育体制等因素的不同,家

庭教育也会表现出不同的特征。例如，西方父母普遍认为儿童从出生那天起就是一个独立的个体，有自己独立的意愿和个性，而中国的文化更强调孝顺、听从。另外，在同一国家的不同区域，由于开放程度、生活水平的不同，家庭教育也呈现出不同的特点。例如，在经济发达地区，许多家长都非常重视对儿童的教育投资，但在经济较为落后的地区，家长更为关注对儿童的日常生活照料，而无暇给儿童提供更好的家庭教育环境。

（二）广泛性和深刻性

家庭教育具有广泛性。在所有的家庭里，只要有子女，家庭就应承担教育的责任；反之，每个子女都必然接受家庭的教育。而且，家庭教育的场所，并不局限于家庭之内，凡有家庭成员共同活动的地方，就有家庭教育的课堂，如家庭娱乐场所、家庭劳动场所等。另外，家庭教育所涉及的内容，所采用的手段和方法，也都是较为广泛的。

同时，家庭教育也具有深刻性。由于家庭教育的广泛性，学前儿童在家庭这个第一成长环境里接触、观察、获取了大量的知识。受先入为主的影响，家庭的成长环境为学前儿童后续接受其他影响建立了一种准备状态，为其一生受教育奠定了基础。儿童在家庭教育影响下形成的最初经验和主观能动性成为其铭刻在心的印迹，对他们以后的个性发展都有深刻的影响。即便他们完全具备了独立性和能动性，家庭也仍然发挥着过滤器的功能。其他教育形式施加给儿童的各种影响，儿童大多是以早期在家庭中获得的知识为参照，经过比较，选择吸收的。儿童不断地将自己的价值观和经验与家庭群体的经验相对照，并依照家庭教育灌输给他们的价值观，修正自己的经验，建立起循环往复的反馈系统。因此，即便子女走出家庭后独立生活，在社会文化背景扩大后，家庭教育的影响仍在许多方面左右着子女对社会文化的接受。

对点案例

一幅画

有对夫妇经常当着年幼孩子的面吵架，后来发展到天天打架闹离婚。当幼儿园教师在课堂上要求幼儿画"我的一家人"的主题画时，这个孩子却画出了这样一幅图：在爸爸（高举着拳头站立）和妈妈（大张着嘴巴站立）中间，有个瘦小的女孩躺在地上。教师看了以后，不解地问她："这个小女孩在干什么？"她说："这个小女孩快要死了。"教师又问她："为什么这个小女孩快要死了？"她说："因为她爸爸妈妈马上就要离婚了。"透过这幅画，我们可以看出，孩子对于父母情感的变化非常敏感，父母长期关系不睦对孩子的情绪造成了严重影响。

（三）权威性和亲情性

在家庭教育过程中，家长在儿童身上体现的权威比较明显。家长与儿童的血缘关系、供养关系和情感维系关系，儿童在伦理道德和物质生活上对家长的依赖，以及家庭成员根本利益的一致，决定了家长对儿童有很大的制约作用，因此，儿童对家长的言行教诲容易听从和信服。但家长是否能维护自己的权威，还与其是否能严格要求自己、时时处处为儿童作表率有关。家长应注意不通过权威控制儿童，不滥用权威吓唬儿童，不动用权威体罚儿童，以免与儿童形成对立关系，影响儿童的良好发展。

亲情性决定家庭的情感感染作用大小。亲情首先受到家长与儿童之间的感情亲密程度的制约。这种感情越深厚，感化作用就越强；反之，感情越淡漠，感化作用就越弱。正如我国古代教育家颜之推所说："夫同言而信，信其所亲；同命而行，行其所服。"亲情性还受到儿童年龄特征的制约。儿童年龄越小，情感越多变，对家长就越依赖、越依恋，感染作用就越强。

（四）针对性和随机性

针对性是指家长对子女的教育是有的放矢，从实际出发的，做到因人、因时、因环境的转移而随时调整自己的教育内容、选择适当的教育方法。"知子莫如父"形象地说明最了解儿童的人不是别人，而是作为一家之长的父母。当今的家长希望有更多的时间、更旺盛的精力去深刻地理解儿童的心理，准确地把握儿童的个性，对儿童因势利导，因材施教，强化家庭教育针对性的特点。

同时，家庭教育也表现出随机性。家长究竟应该对儿童进行哪些方面的教育，如何进行这些教育，并没有固定的模式和程序，都是由家长自行判断的，其中家长的价值观、职业观、文化观、儿童观和教育观等因素起着关键作用。随机性还体现在不受时间和空间的限制，可随时随地对儿童进行教育。"遇物而诲""相机而教"是我国家庭教育的优良传统，今天仍应继

承发扬。家长既可在家庭的生活、交往、消费等活动中对儿童施加相应的影响，也可从家庭生活的其他方面对儿童进行即时教育。

（五）连续性和一贯性

家庭教育是一个连续的、终身的教育过程。人类个体实现社会化，是一个"系统工程"，这一系统工程从出生到终老都在进行，又都离不开家庭。儿童从家庭到托幼机构，不论是生活环境、教育内容，还是教师、同伴等都发生了很大的变化，但这一时间段内家庭的生存空间、教养条件、家长情况等，一般来说，不会有什么变化或基本上没有变化。家庭生活的稳定性和连续性本身就是在对儿童进行一致性和一贯性的教育，这种持续不断、反复进行的教育，有利于儿童形成良好的行为习惯。基本生活习惯的养成、性格的形成、技能的训练，都需要一个长期的、反复的过程。家庭教育的连续性，使得家长能更好地随着儿童年龄的增长和生理心理特点的变化逐步提高对儿童的教育期望和要求，由浅入深、循序渐进地促进儿童的发展。

四、学前儿童家庭教育的基本原则与主要方法

（一）基本原则

1. 教育一致性原则

教育一致性原则指在对儿童进行家庭教育的过程中，参与主体之间要互相配合、统一标准，使学前儿童的发展方向一致。主要体现在以下几个方面。

（1）家长间的要求要一致。即儿童的父母之间，父母与其他长辈之间的教育目标、教育内容、教育方法等与家庭教育相关的内容要一致。

（2）前后要求要一致。家长对儿童的成长方向应有整体的把握，并在此方向上制订不同阶段的教育目标，而不能随心所欲，任意变化要求。

（3）家庭教育、托幼机构教育、社区教育三者的教育目的要一致。只有当三者的教育目的一致时，儿童才能有一个明确的方向。

2. 循序渐进原则

循序渐进原则是指在家庭教育中家长必须根据儿童身心的实际发展水平，由易到难、由浅入深，逐步提高要求，让其通过体验成功的快乐，达到身心健康发展的目标。要贯彻好这一原则，需做到以下两点。

（1）结合儿童身心发展的实际水平，做到量力而行。要使教育获得成功，就要全面了解儿童的身心发展水平，遵循其身心发展规律，考虑教什么、怎么教，选择合适的教育内容和有效的教育方法。

（2）循序渐进地传授知识，培养儿童的能力。在向儿童传授知识时，要注意新旧知识之间的联系，增强知识的系统性；既要注意巩固已学过的知识，又要启发其学习新的知识，引导儿童进行独立思考，逐步培养儿童系统思考问题的能力。家长在教育中应遵循循序渐进原则，不要拔苗助长。

3. 因材施教原则

因材施教原则是指在家庭教育中，家长根据儿童的学习兴趣、个人能力、性格差异等，开展与儿童相适应的教育活动。因为每个儿童都是独一无二的个体，都有其自身独特性，家长在教育儿童时一定要有针对性。有的家长不关注儿童的个性特点，在教育中只凭自己的主观意愿，或者盲目跟风、从众，使得家庭教育难以达到理想的效果。

4. 严慈相济原则

严慈相济原则是指在家庭教育中，家长对儿童既要给予爱护，也要严格管教。

（1）要给予爱护。爱护就是不单凭感情办事，用理智统率感情，方式方法符合教育学、心理学的原理，符合学前儿童身心发展的规律。对儿童的爱护是家庭教育不可或缺的伟大力量，对儿童的发展具有重要的促进作用。

（2）要严格管教。把握好爱护的尺度，爱护的积极作用才能得到发挥。因为学前儿童的身心发展还不成熟，欠缺对是非对错的判断能力，个人的意志还不够坚定，容易受到不良影响。因此，家长需要对儿童进行严格管教，帮助他们形成优良的道德品质，养成良好的行为习惯。应该说，严格管教是爱护的一种特殊形式，它是对学前儿童的思想行为进行的必要的限制和约束。当然，严格管教并不是鼓励家长对儿童随意训斥或打骂，而是管教得合理、可行，在此基础上再耐心地引导儿童按要求行事。

5. 鼓励性原则

鼓励性原则是指家长以"鼓励"作为一种手段，促进儿童向前发展。贯彻鼓励性原则，家长可从以下三点入手。

（1）发现兴趣，及时强化。学前儿童从出生开始就已经学会了积极表达自己的需求，如在饥饿时会通过哭泣表达对食物的需求。他们总会密切关

注与自己的需要紧密联系的事物，在他们表现出这种关注时，家长应适时引导，并为该兴趣的发展创造条件，让儿童在实践中强化兴趣。

（2）正面引导，积极鼓励。家长要有意识地以一些正面教育的材料和行为引导儿童的思考与行动。对有利于儿童健康成长的活动，在条件允许的情况下，要积极鼓励儿童参与，为儿童的发展提供支持。当儿童的正确言行得到鼓励时，他们会不断强化这类言行，这对儿童的成长有促进作用。

（3）用积极建议代替消极指责。学前儿童好奇心较强，他们对世界有了解的渴望，但由于年龄小、经验少，难免会出错。这时，家长应认识到这是儿童探索精神的萌芽，不要指责他们，要在鼓励中给予正确的建议，使儿童保持自信，不断接触新事物，大胆进行探索创新。

6. 言传身教原则

言传身教原则是指在家庭教育中，家长用自己的语言教育儿童，用自己的行动带动儿童，用自己的做法影响儿童。家长在教育儿童的过程中，不仅要善于说理，同时也要用自己的行动给儿童作出榜样，也就是既重视言传，也注重身教。

（二）主要方法

1. 游戏娱乐法

游戏娱乐法是指在家庭教育中，应让儿童有快乐的游戏相伴，并以此来实现教育儿童的目的。亚里士多德曾说过，人类最早的功课就是通过模仿来学习，孩子的游戏就是一种早期的功课。当然，在学前儿童成长的过程中，他们更需要家长和他们一起享受游戏的乐趣。在家庭教育中游戏娱乐法运用的基本要求如下。

◎ 小贴士

1989年11月20日，联合国大会通过的《儿童权利公约》明确规定"缔约国确认儿童有权享有休息和闲暇，从事与儿童年龄相宜的游戏和娱乐活动，以及自由参加文化生活和艺术活动"。确认孩子不仅有发展权、受教育权，而且有享受游戏的权利。

（1）游戏空间安全。游戏的空间应注意空气流通，避免过冷或过热，以免影响儿童的精神状态；要除去一些可能引发危险的障碍物。

（2）游戏时间恰当。应选择在儿童精神饱满的时段游戏，时间长短视儿童的精神状态而定。若儿童吃得太饱或有饥饿感时，都不适合进行游戏。

（3）游戏材料适当。家长要结合儿童的成长需求，提供适当的玩具和游戏资源，如小纸片、种子、泥土，让他们开动脑筋去做游戏。鼓励自制游戏玩具，家长平时要注意收集家里的废旧物品，可以和儿童一起动手，发挥儿童的创造力和想象力。但是，注意一次不要给儿童太多的材料，以免分散儿童的注意力。比较好的方法是，利用同一件玩具，变换出不同的玩法，或者对同一种游戏采用不同的道具来开展。家长还可以为儿童提供些更有创意的点子，如利用蔬菜、瓜果进行艺术创作等。

（4）家长适当参与。家长不只做导师，更要做儿童的贴心玩伴，与儿童一起玩游戏，这是教育家普遍认同的家庭教育方法之一。因为儿童获得家庭上的精神支持，能更好地投入到游戏当中，从而激发出更加丰富的想象力、创造力。与儿童建立平等的玩伴关系是亲子游戏的最高境界。需要注意的是，儿童是天生的探索家，在儿童的探索过程中家长应坚持鼓励而不是指挥、参与而不是干预的原则，允许儿童自由发挥。

◎小贴士

美国有一个"地板时间"的说法，即"坐在地板上与孩子玩乐的时间"。提出这一想法的初衷，是为了给那些患有精神障碍症的儿童营造一个治疗环境。"地板时间"的主旨是成人与孩子平等地玩耍。运用这种方法，不仅使许多患有精神障碍的孩子得到彻底治疗，而且能促进正常父母与子女的亲情发展，有益于营造民主和睦的家庭气氛。

（5）注意观察与及时回应。在孩子做游戏的过程中，家长的目光不要离开儿童，要时刻注意观察儿童的反应，分析儿童是否喜欢这个游戏或玩具，游戏的内容是否适合儿童，游戏的动作是否太难或者有无危险等。在儿童完成某个游戏动作或玩出新花样时，家长要及时给予表扬。

2.兴趣诱导法

兴趣诱导法是指在家庭教育中，家长通过各种机会了解儿童的特点，发现儿童的需要，捕捉儿童的兴趣，诱导儿童充分发展自己个性特点的一种教育方法。运用兴趣诱导法的基本要求如下。

（1）创设问题情境。儿童具有主动求知的天性，家长要引导儿童的问题意识，保护儿童的好奇心。通常可以安排一个情境，激发儿童提问的兴

趣，如讲故事讲到一半暂时停下来，儿童因为很想知道结果，就会提出一些问题。

（2）重视儿童的兴趣。兴趣是儿童学习的动力，家长应珍视、培养儿童的兴趣，避免以成人的想法代替儿童的兴趣。例如，有的儿童对小提琴感兴趣，如果家长偏要让他学绘画，可能造成儿童的厌烦和抵触；有的儿童特别喜欢弹钢琴，如果家长强硬地让他考级，儿童的兴趣可能会慢慢消失。

（3）发展儿童的个性。个性是一个人的整体心理面貌，即具有一定倾向性的各种心理特征的总和。学前期是个性开始形成的时期，但只是个性的萌芽时期，还没有形成稳固的个性倾向。家长要留心观察，善于发现他们的兴趣，发展他们的特长，避免不良兴趣的产生。

3. 实际锻炼法

实际锻炼法是指在家庭教育中，家长根据儿童自身的发展和社会的需要，让儿童参加各种力所能及的实践活动，从中得到锻炼，提升技能，培养良好的行为习惯和思想品德。运用实际锻炼法的基本要求如下。

（1）思想上重视实际锻炼。儿童的技能技巧、良好的习惯和品德不是先天就有的，也不是自然而然形成的，都是亲身实践的结果，家长要积极引导、支持并放手让儿童进行各方面的实际锻炼。

（2）正确对待实际锻炼。家长要舍得让儿童吃苦；要注意儿童的年龄特征、个性特征和性别特征，量力而行；在儿童出现失误时，要鼓励儿童克服困难，不怕挫折和失败，坚持到底。

4. 活动探索法

活动探索法是指在家庭教育中，家长让儿童通过丰富多彩的活动，不断探索，尝试解决问题，从而掌握提升各种技能、发展各种能力、培养良好品行的方法。运用活动探索法的基本要求如下。

（1）结合年龄特点。随着年龄的增长，学前儿童会积累一些知识和简单的技能，在活动中注意力较为集中，有一定的目的性。同时，他们的观察力、思维能力和想象能力也会有一定程度的发展。因此，家长应引导儿童参加探索活动，探索活动的内容不要过难或过易。过难，儿童容易产生畏难情绪；过易，不能激发儿童的兴趣。

（2）注意活动指导。当儿童在活动中出现失误时，家长不要责怪儿童，应帮助儿童分析原因，让儿童从错误中总结经验，并鼓励儿童继续探索。

5. 环境熏陶法

环境熏陶法是指在家庭教育中，家长要有意识地为儿童营造和谐的家庭环境，培养儿童良好的道德品质。运用环境熏陶法的基本要求如下。

（1）创设良好的物质环境。学前儿童在家庭中生活的时间相对较长，良好的家庭环境能够对儿童起到潜移默化的作用。著名教育家蒙台梭利认为，环境是会说话的教育者，是儿童的第三任老师。因此，家长应充分利用家庭的物质环境为儿童的健康成长打好基础。例如，家长可以在客厅为儿童创设温馨的阅读小天地，摆放一些儿童喜欢阅读的图书，以及适合儿童身体的桌椅、抱枕等。另外，家庭环境的布置还要考虑儿童的喜好，整体应简洁、整齐、美观，尽量减少家具，给儿童提供充足的活动空间。

（2）创设良好的精神环境。良好的家庭氛围对儿童个性的形成会起到积极促进作用，反之则会起到消极、负面的作用。家长要为儿童创设良好的家庭精神氛围：①家庭成员之间要互相尊重、互相关心，共同关注儿童的健康成长；②家长要发挥榜样的作用，在生活中待人有礼貌，做人诚实友善，严格要求自己，以此作为儿童的良好榜样；③要创设一个民主、和谐、宽松的家庭氛围，让儿童感到被尊重，感到在家庭中是安全而轻松的。

6. 榜样示范法

榜样示范法是指家长以自己和他人的好思想、好品质、好行为来教育和影响儿童，使其形成优良品德的方法。学前儿童的模仿性较强，生动形象的典型更容易感染他们。运用榜样示范法的基本要求如下。

（1）家长要做儿童的榜样。儿童的年龄越小，榜样的感染力就越大，印象越深刻。家长作为儿童的第一任老师，自身的言谈举止对儿童有潜移默化的影响。因此，家长应以身示范，影响儿童。

（2）家长要引导儿童向榜样或者同伴学习。家长在教育儿童时，可以选择那些既有教育意义又切合社会生活实际的典型人物和事例。例如，可以借助图书中的革命领袖、英雄模范等正面典型形象教育儿童，也可以引导儿童向老师、同伴、亲戚，甚至生活中各行各业的普通劳动者学习。

7. 暗示提醒法

暗示提醒法是指家长用间接、含蓄的方式对儿童的心理施加影响，从言语上提示、从感情上熏染、从行为上引导的一种方法。因为暗示提醒的影响是间接的、内隐的，所以儿童更容易接受。暗示提醒法的主要形式如下。

（1）言语暗示。言语暗示就是不直接对儿童提出要求，而是通过讲故事、打比方、作比较等方式把自己的观点巧妙地表达出来。家长要针对儿童的性格，考虑具体情景，用合适的语言间接地向儿童传递意愿、表达感情。例如，儿童起床后不洗脸就想吃饭，家长可以说："饭前洗脸洗手的孩子是好孩子，妈妈最喜欢这样的孩子了。"这比简单地说"洗完脸再吃饭"更容易让孩子接受。

（2）行为暗示。行为暗示就是用体态语言把自己的想法表露出来，从而达到教育的目的。外在的行为较为直观，易引起儿童的注意。例如，儿童在翻看图画书或绘画时坐姿不端正，家长可面向儿童做几个挺胸的动作，儿童在接受暗示后，会产生一定的行为反应，纠正自己的不良姿势。

（3）表情暗示。表情暗示是指家长通过表情传达给儿童各种信息，以形成对儿童的刺激。例如，儿童表现非常出色时，家长可以对他报以会心的微笑，使儿童感受到激励；儿童表现不好时，家长可以给他一个严肃的表情，使儿童意识到自己的不当行为。

（4）情境暗示。情境暗示是指家长利用良好的情境对儿童进行潜移默化的熏陶和感染，使其受到感化和教育。民主和睦的家庭氛围会使儿童受到感染，对儿童的健康成长非常有利。例如，家长让儿童依偎在自己身边，把对儿童的要求用亲切的语言说出来，儿童一般是乐意接受的。

8. 说服教育法

说服教育法就是通过摆事实、讲道理，使儿童明辨是非、善恶，从而形成正确的品行的一种教育方法。这种方法强调从正面进行教育，从提高道德认知入手，以理服人，启发自觉，调动内在的积极因素，引导儿童不断进步。运用说服教育法时要注意：家长首先应全面了解儿童，耐心倾听，听出儿童内心深处真实的想法；家长应情绪稳定，充分尊重和信任儿童，以理服人，以情动人，情理相通；家长要根据儿童的年龄特点、理解能力和具体问题，采用不同的说服教育形式。

9. 奖惩激励法

奖惩激励法是指在家庭教育中，家长通过奖惩激励孩子发挥积极性，使孩子明确并发扬自己的长处，认识并克服自己的不足，从而主动地按正确的行为准则去行动的方法。家长对儿童的激励多以正面鼓励为主，正所谓"数子之过，不如奖子一长"。家长在运用奖惩激励法时，应注意如下事项。

（1）表扬要实事求是。表扬太多对儿童不一定有利。心理学研究表明，一般而言，赞美应是批评的二至三倍，如果表扬太多，会显得不够真诚或夸大其词；如果表扬太少，未免显得过于挑剔。

◎ 小贴士

美国心理学家詹姆士·温德尔说："一个依赖于激励夸奖的孩子只追求让父母满意而不是让自己满意，久而久之哪怕是做一些日常的家务活，孩子都期望家长们毫不吝惜地称赞。或者，如果没有表扬作动力，孩子就无法完成一项工作。"

（2）表扬要及时、具体。家长发现儿童在某一方面做得比较好时，要"趁热打铁"及时给予赞扬，否则会错过表扬的好时机。另外，表扬要具体，要体现在生活中的日常点滴。例如，如果儿童某一天主动叠好被子、放好枕头，家长可给予表扬"你把被子叠得这么好，枕头放得这么整齐，妈妈（爸爸）好高兴"，而不应只说"你真是个好孩子"。

（3）要以精神奖励为主、物质奖励为辅。家长在表扬时不宜轻易给儿童许诺。有的家长一高兴就信口开河附带一些许诺。但如果许诺不能兑现，儿童对家长的信任感就会减弱。因此，一旦许诺，就应说到做到。

（4）批评与惩罚要注意时间和场合。家长在批评和惩罚儿童时，应该在双方都心平气和的情况下进行。若儿童正在发脾气，对家长的批评、惩罚就会有逆反心理；若家长正在气头上，对儿童的批评、惩罚难免会过火。另外，在饭桌上、在人多的场合中都不宜批评、惩罚儿童。

我国古代各历史时期的学前儿童家庭教育

第二节　托幼机构教育

一、托幼机构的类型

（一）托育机构

托育机构是为 3 岁以下儿童的家庭提供全日托、半日托、计时制等照护和教养服务的机构。现在社会上的托育机构类型较多，包括托儿所、亲子园、早教中心及托管和亲子综合服务等多种类型。其中，托儿所是用于专门照顾儿童生活和培养儿童生活能力的地方，也指公共场所中的因父母不在而由受过专业训练的服务人员临时照顾儿童的房间或地方。亲子园是由父母或其他家庭成员带儿童一起参加活动，为亲子群体之间提供交流与活动的场所。"早教中心"是儿童早期教育服务中心等机构的简称，是专门为儿童的父母或其他家人提供儿童早期教育培训指导和帮助的服务机构。各类托育机构发展起来，相应的法律法规也在逐步完善。0～3 岁是儿童一生中受环境影响最大的阶段，也是儿童许多方面发展的关键期。这一时期的儿童具有极强的可塑性，此阶段的教养不容忽视。

（二）幼儿园

幼儿园是主要针对 3～6 周岁的儿童实施保育和教育的机构，实行保育与教育相结合的原则，对儿童实施德、智、体、美、劳全面发展的教育，以促进儿童身心的和谐健康发展。进入 21 世纪以来，我国学前教育事业蓬勃发展，兴建了大批的幼儿园。《中国儿童发展纲要（2021—2030 年）》指出，"适龄儿童普遍接受有质量的学前教育，学前教育毛入园率达到并保持在 90% 以上"是"儿童与教育"方面的主要目标之一。幼儿园教育已成为基础教育的组成部分，是学校教育制度的基础阶段。

二、托幼机构的任务与目标

◎小贴士

　　培养什么人，是教育的首要问题。我国是中国共产党领导的社会主义国家，这就决定了我们的教育必须把培养社会主义建设者和接班人作为根本任务，培养一代又一代拥护中国共产党领导，立志为中国特色社会主义奋斗终生的有用人才。

（一）托幼机构的任务

《托育机构保育指导大纲（试行）》第一章第三项指出，"托育机构保育是婴幼儿照护服务的重要组成部分，是生命全周期服务管理的重要内容。通过创设适宜环境，合理安排一日生活和活动，提供生活照料、安全看护、平衡膳食和早期学习机会，促进婴幼儿身体和心理的全面发展"。《中国儿童发展纲要（2021—2030 年）》关于"加强儿童早期发展服务"的策略措施指出，要"加强对家庭和托育机构的婴幼儿早期发展指导服务"。这为 3 岁以下儿童的保育工作指明了方向。

《幼儿园工作规程》第三条指出，"幼儿园的任务是：贯彻国家的教育方针，按照保育与教育相结合的原则，遵循幼儿身心发展特点和规律，实施德、智、体、美等方面全面发展的教育，促进幼儿身心和谐发展"。幼儿教育能给未来更高级的教育打下基础，是幼儿启蒙阶段的教育。

（二）托育机构的保育目标

托育机构关于 3 岁以下儿童动作、语言、认知、情感和社会性发展的保育目标如下。

《托育机构保育指导大纲（试行）》

动作方面：掌握基本的大运动技能，达到良好的精细动作发育水平。

语言方面：对声音和语言感兴趣，学会正确发音；学会倾听和理解语言，逐步掌握词汇和简单的句子；学会运用语言进行交流，表达自己的需求；愿意听故事、看图书，初步培养早期阅读的兴趣和习惯。

认知方面：充分运用各种感官探索周围环境，有好奇心和探索欲；逐步发展注意力、观察、记忆、思维等认知能力；学会想办法解决问题，有初步的想象力和创造力。

情感和社会性方面：有安全感，能够理解和表达情绪；有初步的自我意识，逐步发展情绪和行为的自我控制；与成人和同伴积极互动，发展初步的社会交往能力。

（三）幼儿园的保教目标

《幼儿园工作规程》《幼儿园教育指导纲要（试行）》《3～6岁儿童学习与发展指南》等文件对幼儿园保育和教育的目标进行了说明。主要内容如下。

1.《幼儿园工作规程》中的保教目标

《幼儿园工作规程》第五条规定，幼儿园保育和教育的主要目标如下。

（1）促进幼儿身体正常发育和机能的协调发展，增强体质，促进心理健康，培养良好的生活习惯、卫生习惯和参加体育活动的兴趣。

（2）发展幼儿智力，培养正确运用感官和运用语言交往的基本能力，增进对环境的认识，培养有益的兴趣和求知欲，培养初步的动手探究能力。

（3）激发幼儿爱祖国、爱家乡、爱集体、爱劳动、爱科学的情感，培养诚实、自信、友爱、勇敢、勤学、好问、爱护公物、克服困难、讲礼貌、守纪律等良好的品德行为和习惯，以及活泼开朗的性格。

（4）培养幼儿初步感受美和表现美的情趣和能力。

2.《幼儿园教育指导纲要（试行）》中各领域的教育目标

幼儿园教育可以相对划分为健康、语言、社会、科学、艺术等五个领域，也可有其他不同的划分。各领域的内容相互渗透，从不同的角度促进幼儿情感、态度、能力、知识、技能等方面的发展。其中关于幼儿各领域的教育目标如下。

（1）健康领域。幼儿身体健康，在集体生活中情绪安定、愉快；生活、卫生习惯良好，有基本的生活自理能力；知道必要的安全保健常识，懂得保护自己；喜欢参加体育活动，动作协调、灵活。

（2）语言领域。幼儿乐意与人交谈，讲话礼貌；注意倾听对方讲话，能理解日常用语；能清楚地说出自己想说的事；喜欢听故事、看图书；能听懂和会说普通话。

（3）社会领域。幼儿能主动地参与各项活动，有自信心；乐意与人交往，学习互助、合作和分享，有同情心；理解并遵守日常生活中基本的社会行为规则；能努力做好力所能及的事，不怕困难，有初步的责任感；爱父母长辈、老师和同伴，爱集体、爱家乡、爱祖国。

（4）科学领域。幼儿对周围的事物、现象感兴趣，有好奇心和求知欲；能运用各种感官，动手动脑，探究问题；能用适当的方式表达、交流探索的过程和结果；能从生活和游戏中感受事物的数量关系并体验到数学的重要和有趣；爱护动植物，关心周围环境，亲近大自然，珍惜自然资源，有初步的环保意识。

（5）艺术领域。幼儿能初步感受并喜爱环境、生活和艺术中的美；喜欢参加艺术活动，并能大胆地表现自己的情感和体验；能用自己喜欢的方式进行艺术表现活动。

《3～6岁儿童学习与发展指南》

3.《3～6岁儿童学习与发展指南》中关于各领域不同部分的学习与发展目标

《3～6岁儿童学习与发展指南》从健康、语言、社会、科学、艺术五个领域描述儿童的学习与发展。每个领域按照幼儿学习与发展最基本、最重要的内容划分为若干方面。每个方面由学习与发展目标和教育建议两部分组成。目标部分分别对3～4岁、4～5岁、5～6岁三个年龄段末期幼儿应该知道什么、能做什么，大致可以达到什么发展水平提出了合理期望，指明了儿童学习与发展的具体方向。各领域不同部分的学习与发展目标如表2-1所示，具体分年龄的阶段目标可查看相应政策文件。

表2-1　各领域不同部分的学习与发展目标

领域	不同部分	学习与发展目标
健康	身心状况	目标1　具有健康的体态 目标2　情绪安定愉快 目标3　具有一定的适应能力
	动作发展	目标1　具有一定的平衡能力，动作协调、灵敏 目标2　具有一定的力量和耐力 目标3　手的动作灵活协调
	生活习惯与生活能力	目标1　具有良好的生活与卫生习惯 目标2　具有基本的生活自理能力 目标3　具备基本的安全知识和自我保护能力
语言	倾听与表达	目标1　认真听并能听懂常用语言 目标2　愿意讲话并能清楚地表达 目标3　具有文明的语言习惯
	阅读与书写准备	目标1　喜欢听故事，看图书 目标2　具有初步的阅读理解能力 目标3　具有书面表达的愿望和初步技能

续表

领域	不同部分	学习与发展目标
社会	人际交往	目标1　愿意与人交往 目标2　能与同伴友好相处 目标3　具有自尊、自信、自主的表现 目标4　关心尊重他人
	社会适应	目标1　喜欢并适应群体生活 目标2　遵守基本的行为规范 目标3　具有初步的归属感
科学	科学探究	目标1　亲近自然，喜欢探究 目标2　具有初步的探究能力 目标3　在探究中认识周围事物和现象
	数学认知	目标1　初步感知生活中数学的有用和有趣 目标2　感知和理解数、量及数量关系 目标3　感知形状与空间关系
艺术	感受与欣赏	目标1　喜欢自然界与生活中美的事物 目标2　喜欢欣赏多种多样的艺术形式和作品
	表现与创造	目标1　喜欢进行艺术活动并大胆表现 目标2　具有初步的艺术表现与创造能力

三、托幼机构的保教原则

（一）3岁以下儿童的教养原则

1. 爱与关怀是关键

3岁以下儿童的健康成长主要在于其生理和情感的需要是否得到满足，因此托幼机构保教人员应将爱与关怀作为儿童身心健康发展的首要条件。保教人员要了解儿童的各种表达方式，多与他们进行目光接触，多抚触他们的身体，耐心安抚他们的情绪，温和地给予他们回应，适时满足他们的生理和心理需要。随着儿童年龄的增长，对其增加语言方面的肯定和鼓励。

2. 以日常生活为最直接的活动

3岁以下儿童的日常生活如喂养、盥洗、沐浴、衣帽穿戴等活动不仅是维护其生存、增进其身体健康的必要活动，而且是重要的教育活动。通过这项活动促进儿童身心发展有利于实现教育的有效性。有必要指出的是，在儿童的每一项生活内容中，都有保育与教育的双重任务。保教人员应抓住给儿童进行生活护理的教育契机，引导儿童进行各方面的学习。

3. 提供有助于儿童主动探索的环境

《托育机构管理规范（试行）》指出，托育机构应当"提供适宜刺激，丰富婴幼儿的直接经验，支持婴幼儿主动探索、操作体验、互动交流和表达表现，发挥婴幼儿的自主性，保护婴幼儿的好奇心"。3岁以下儿童通过内部、外部丰富的视觉、听觉、触觉等感官体验，和保教人员的关爱，获得安全感和信任感，对外界产生好奇，并吸收着周围环境中的一切信息和刺激。他们通过不断地尝试、重复、模仿、操作获得经验，建构起自己的心智结构，逐步完成对世界的认知。保教人员对儿童的关怀、支持和鼓励可发展他们探索周围事物的兴趣。

4. 尊重儿童的个体差异

儿童发展具有一般规律，但每个儿童由于其遗传和生长环境的不同，又各有自己的发展速度和步伐。保教人员应在掌握相关理论的基础上，对儿童的生长发育与表现进行针对性的观察与评价，并以此确定合理的教养目标，通过提供适宜的内容和方式方法，给予儿童更有效的指导和帮助。

5. 辩证统一地处理活动中的相互关系

3岁以下儿童的教养中存在许多相对关系，如身体方面的练习与保护、自由活动与有计划的活动、动的活动与静的活动、户外活动与室内活动等。保教人员须从儿童身心发展的特点与水平出发，妥善地处理两者之间的关系。例如，有关儿童的练习与保护，既要求儿童尝试进行力所能及的练习，又需要教养人给予监督和保护；自由活动的分量要多但又不可缺少有计划的活动内容，保证有放松和休息的时间。

用水杯还是吸管杯

两岁多的童童会自己端着水杯喝水了。这一天，在集体喝水环节，他再一次端起水杯喝水，却不小心把水弄洒了，洒出的水弄湿了他的衣服。童童哇哇大哭起来，说再也不端水杯喝水了……过了一会儿，童童口渴了，又想喝水了，他不再去水杯柜拿自己的水杯，而是要求

使用吸管杯喝水。

对于手部精细动作发展还不成熟的童童，在自己端水杯喝水时难免会有把水弄洒的现象，甚至还会因水洒湿了衣服而对端水杯产生一定的厌恶情绪。针对这种情况，保教人员不能消极等待孩子的自发活动，而要通过适当的鼓励、启发、示范等方式加以引导。

（二）幼儿园教育活动的原则

1. 科学性原则

科学性原则是指向儿童传授的知识、技能应该是正确、可靠的，是符合客观规律的。《幼儿园教育指导纲要（试行）》要求，"科学、合理地安排和组织一日生活"。教育活动内容的安排、组织形式的选择和方法的运用应符合儿童的年龄特点和认识事物的规律，是切实可行的。

2. 主动性原则

主动性原则是指儿童在幼儿园的一日活动中主动学习与探索，通过与客观环境、物质材料互动以及人际交往，而获得发展的原则。

3. 发展性原则

发展性原则是指通过教育活动促进儿童个性的全面发展，使儿童从现有的发展水平向"最近发展区"发展。

4. 直观性原则

直观性原则是指利用儿童的各种感官和已有经验，通过各种直观表现的手段吸引儿童的注意力，丰富儿童的直接经验和感性知识，帮助他们形成正确的概念、获取知识和技能、发展智力。这一原则符合儿童的思维特点，教育活动生动形象、自然活泼，有助于提高教育活动的效果。

5. 趣味性原则

趣味性原则是指教育活动中的各个环节应有趣，能引起儿童浓厚的兴趣，激发儿童学习的积极性和求知欲，使他们在愉快的气氛中，带着喜悦的情绪，全身心地投入活动，获取知识和技能。

学前儿童家庭教育与托幼机构教育及其中角色的比较

四、托幼机构的环境创设

托幼机构环境包括物质环境和精神环境两个部分。物质环境是指托幼机构内的建筑物以及室内外各种设施、设备和用具。精神环境是指对学前儿童教育产生直接影响的社会心理环境。托幼机构物质环境是学前儿童身心发展的基础，托幼机构精神环境是学前儿童保教工作顺利进行的重要保证。

（一）托幼机构物质环境创设的基本要求

一是环境适宜。物质环境应让儿童身心感到舒适、便利，愿意长时间在其中活动。环境中的温度、湿度、光线适度，设施、材料适合，区域设置动静结合等。

二是适合儿童数量。空间设置和材料提供应考虑儿童数量，环境刺激要丰富适度，避免材料数量过多或过少影响儿童对环境的探索。

三是安全健康。这是托幼机构其他工作的前提。要消除一切危及安全健康的因素，做到有利于儿童充分、自主地进行活动，但切忌为了安全而处处设限。

四是美观愉悦。环境应整洁有序，避免杂乱，要具有美感，但不用花费昂贵，只要精心制作和装扮，就能让儿童感觉舒心，发挥环境的陶冶作用。

五是弹性可变。物质环境要根据儿童的年龄及个性需求进行调整，其中的设施、设备、物品、材料等最好便于改变，能适应儿童的成长需要。

六是功能全面。环境创设应有利于促进儿童全面发展，既要提供锻炼的空间和材料，也要提供进行感知训练的材料，以及供儿童进行人际交往的条件。

良好的托幼机构室内外环境如图 2-1 所示。

图 2-1　托幼机构的室内外环境

（二）托幼机构精神环境创设的基本要求

1. 尊重与理解

在生活上多给予儿童关爱，以促进其积极情感的发展。保教人员可以用身体接触、表情、动作等多种方式表达关爱与鼓励，要从儿童身心特点出发，理解儿童的情绪和行为，接纳、尊重儿童，减少包办和干预。当他们确有需要时，保教人员可通过提问、建议、商量等方式给予指导。

2. 宽松与平等

宽松与平等的心理氛围会让儿童感到安全。保教人员应尽量减少或避免对儿童的约束，给他们更多自由的空间；要努力成为儿童的玩伴，做儿童游戏的观察者、参与者和促进者，多陪儿童玩耍，并注重在游戏中培养儿童的独立习惯和多种能力，丰富他们的认知经验。

3. 交流与等待

交流是连接保教人员和儿童情感的纽带。保教人员应关注儿童的表现，多跟儿童交流，让儿童感到被喜爱，从而产生积极的情感信任。有了情感信任，儿童就会逐渐愿意表达想法，这有助于保教人员把握儿童特点，采取针对性的保教措施。保教人员要尊重儿童的个体差异，当儿童的表现达不到要求时，保教人员要能耐心等待，顺应儿童的发展。

中国第一所幼儿园——湖北幼稚园

4. 鼓励与期待

保教人员要多鼓励儿童，对儿童的行为报以积极的期待，引导儿童逐渐树立能做好的信心，进而形成积极的情绪情感。

第三节　社区教育与社区学前教育

一、社区的要素及主要功能

（一）社区的要素

社区通常包括地域、人口、组织结构和文化四大基本要素。具体介绍如下。

社区的类型

1.地域

地域是社区自然地理与人文地理的空间载体。作为地域性的社会共同体，社区总是存在于一定的自然地理与人文地理构成的空间之中，有一定的边界。例如，自然地理包括社区所处的方位、拥有的自然资源等，人文地理包括社区内的人文景观、建筑设施等。至于社区范围的划定，不同国家也会有所不同。就我国而言，一个乡村、一个街道、一个居民区都可以被界定为社区。

2.人口

人口是社区运作与变迁的主体。人口要素包括人口的数量、素质、结构、流动情况等。数量是指居住在社区内的总人数；人口素质包括居民的身体素质、文化素质、思想素质等；人口结构是指各类居民人口的数量比例；流动情况是指一定时间内迁入及迁出人口数量的变化。

3.组织结构

社区的组织结构主要是指社区内各社会群体和组织之间的相互关系及其结构方式。社区群体包括家庭、社区服务部门、社会团体等。

4.文化

文化是社区范围内具有特质的精神纽带。社区文化会影响一个社区的整体氛围，不同地域的社区有着不同的社区文化。一般来说，社区文化受到历史传统、风俗习惯、村规民约、生活方式和交际语言等的影响。

（二）社区的主要功能

社区在政治、经济和文化领域中充当着越来越重要的治理角色。根据中

西方社区建设实践，社区在社会治理中发挥着以下功能。

1. 管理功能

社区的管理功能是指一定的社区内部各种机构、团体或组织，为了维持社区的正常秩序，促进社区的繁荣与发展，满足社区居民物质和文化活动等特定需要而进行的一系列的自我管理或行政管理活动。例如，政府对公众各方面的服务，如市政建设、居住环境、医疗保健等，最后会通过社区管理工作得到具体体现。

2. 服务功能

社区的服务功能是指为社区居民和单位提供社会化服务。服务机构的重要职能是为社区成员提供社区服务，如生活服务（家电维修、洗熨衣物等）、文化体育服务（组织文艺表演、举办体育活动、组织青少年校外活动等）、卫生保健服务（设置家庭病床、指导计划生育、免疫接种、打扫公共区域等）等。社区的服务功能是现代社区最基础也最为重要的社会功能。

3. 保障功能

社区的保障功能是指救助和保护社区内的弱势群体，主要包括妇女法律援助（涉及婚姻家庭权益、财产权益、人身权益、劳动与社会保障权益等）、未成年人法律援助（涉及家庭保护、学校保护、社会保护、司法保护）、残疾人法律援助（涉及财产权益、人身权益、劳动权益、社会权益保障等）、农民工法律援助和老年人法律援助等。

◎ 小贴士

智慧社区是指通过利用各种智能技术和方式，整合社区现有的各类服务资源，为社区群众提供政务、商务、娱乐、教育、医护及生活互助等多种便捷服务的模式。近年来，信息化、数字化、智能化逐渐服务于基层治理。基层治理是数字政府、数字社会、数字经济的主要交汇点和落脚点，智慧城市建设的好坏，最终要依靠社区居民的生活感受来反映。

4. 教育功能

社区的教育功能是指提高社区成员的文明素质和文化修养。社区教育是构建终身教育体系的有效形式，社区教育在教育连续性、社会适应性、教育手段多样性，以及教育与社会各部门的合作方面都较好地适应了终身教育的原则与要求，在构建终身教育体系中具有重要作用。从学前儿童教育到老年教育，文化教育到职业教育，社区教育在其中发挥的作用不可替代。

社区开展老年人"智"享生活主题活动

为切实解决老年人运用智能手机的困难，帮助老年人跨越"数字鸿沟"，2023 年 3 月 1 日，街道社区学校开展了老年人"智"享生活主题课程。

活动中，老师根据老年人的需求制定培训内容，并现场讲解手机的主要功能，如浏览视频、拍照、手写打字、添加微信好友、发送语音视频等。老年朋友在认真听了老师的讲解后，现场实操，并结合使用情况现场提问，讲座现场气氛十分活跃。课程最后，老师特别强调了日常生活中出现的电话、短信、网络等诈骗手段，并结合老年人被诈骗的真实案例，让老年朋友更加深入理性地了解诈骗手段。

本次活动，不仅帮助社区老年人学会了使用手机，同时又宣传了防诈骗相关知识，能推动社区老年教育的健康发展，提高老年人的养老生活质量，让老年人融入数字时代新生活，同时也能拉近老年人与他人的沟通距离。

5. 安全稳定功能

社区的安全稳定功能是指化解各种社会矛盾，保证居民生命财产安全。例如，社区进行安全保卫，包括社区治安、社区消防、交通管理、社区人口管理、刑事案件的预防及处理等。

二、社区教育概述

（一）社区教育的概念

我国对于社区教育的研究最早起源于 20 世纪 30 年代，不同研究者从不同视角对社区教育进行研究，有的侧重于教育，有的侧重于社区。结合教育部职业教育与成人教育司 2000 年发布的《关于在部分地区开展社区教育实验工作的通知》和国家标准化管理委员会 2006 年发布的《社区服务指南

第 3 部分：文化、教育、体育服务》中的界定，我们认为，社区教育是指在一定区域内开发、利用各种教育资源，以社区全体成员为对象开展的旨在提高成员综合素质和生活质量、促进成员全面发展和社区可持续发展、服务区域经济建设和社会发展的教育活动。

◎ **小贴士**

社区教育起源于丹麦。1844 年丹麦教育学家格隆维在乡村创建了第一所民众中学，是成人教育形式的社区教育。

（二）社区教育的内容

社区教育的内容是依据社区教育目的或目标选择出来的以社区教育课程、社区教育活动等形式所呈现的文化知识、技能经验及社会价值与规范的总和。根据不同的分类标准可以划分为不同的社区教育内容，社区教育内容是德、智、体、美、劳等文化内涵的延伸，因此本文将社区教育的内容分为社区德育、社区智育、社区体育、社区美育和社区劳育。

1. 社区德育

社区德育是指通过各种途径对社区内的居民进行道德品质教育的活动。所有涉及道德教育的内容，基本上都可以通过社区教育来潜移默化地深入居民内心。例如，基本道德品质教育可以教育居民学会诚实、勤劳、勇敢、尊重、正直等基本品质；公民道德教育可以教育居民学会爱国守法、明礼诚信等，通过社区组织的爱国主义、集体主义教育等活动，可以让居民学会将爱国主义认识深化为爱国主义情感，进而上升为爱国主义行动；社区内的家庭美德教育，可以让居民认识到家庭稳定和幸福对于儿童、家庭、社区和国家的重要性。德育是全社会对全体公民的教育任务，社区德育也是学校德育的延续和补充。

2. 社区智育

社区智育是指依据社区居民的需要，利用社区资源来促进居民的智能发展的活动。与学校智育主要以学科知识和技能的学习为主不同，社区智育主要以生活知识和技能的学习为主。通过对生活知识的学习，居民可以提高生活质量，提高生活品位、实现自我发展。通过对生活技能的掌握，居民可以适应社会生活，提升社会竞争力。常见的社区生活知识的内容包括传统文化知识、养生知识、理财知识、消防常识等；常见的社区生活技能包括多媒体技术运用、职业培训以及文化礼仪等。社区智育是学校智育的补充，可以极大地弥补学校智育的不足。

3. 社区体育

社区体育是指以社区内的体育场所和设施为依托，满足社区居民提高身体素质需要的活动。在国家提倡全民健身的号召之下，人们越来越关心自身的健康，同时随着社区的发展，有越来越多的锻炼身体的方式可供居民进行选择。社区组织者也提供更多具有趣味性、公益性、服务性的活动项目来丰富居民的文化生活。社区体育常见技能培训类有篮球、足球、乒乓球、游泳、跆拳道等，以及竞赛类活动，如居民运动会等，可以以个人为单位，也可以家庭为单位，还有健身类活动，充分利用室内及室外的体育器械，甚至周围的自然环境，为居民提供强身健体的机会。

4. 社区美育

社区美育是指充分利用各种资源，提升社区居民对美的事物的认识能力、鉴别能力、欣赏能力的活动。社区美育帮助居民从自然环境、美术作品、音乐鉴赏中去发现和感受自然美和艺术美，增加对美的体验，感受美的含义，营造美的氛围，从而提高生活质量和水准。社区美育常常通过举办各种艺术活动、讲座、展览、演出等来深入居民生活，如社区儿童画展、社区乐队表演等形式。同时，社区美育也承担着引导居民树立正确的审美观的责任，要帮助居民掌握正确的欣赏美的标准，形成高尚的审美情趣，提高审美水平。

5. 社区劳育

劳育是劳动教育的简称，是帮助人树立正确的劳动观念和劳动态度的教育活动。社区劳育是指在社区范围内，通过生产劳动和公益劳动的形式，帮助居民正确认识劳动，树立良好的劳动观，培养热爱劳动的情感，养成自主劳动习惯的一种教育方式。通过社区劳育，帮助居民形成以劳动为荣的观念，抵制好逸恶劳、不劳而获、奢侈浪费等不良观念的影响。社区劳育可以采取社区或街道生产厂来进行生产性劳动，同时也可以解决社区内部分居民的就业问题。当前城市内更常见的是社区公益劳动，如社区卫生清洁、社区内孤寡老人生活看护等，既能解决社区中存在的一些难题，也能帮助居民形成正确的劳动观念。

（三）社区教育的特点

社区教育是一种教育的组织形式，也就是说，依照社区建设发展及社区居民的需求，充分地、有效地利用社区的教育资源来组织、实施各级各类的教育。其根本目的是以多种教育方式和手段提高国民的素质，主要具有以下几个特点。

1. 教育范围具有区域性

社区教育不同于学校教育，它是一种社会教育。社区教育是在一定区域范围内实施的教育活动，是为解决社区面临的许多社区问题而组织、实施的，是为社区的建设、发展服务的。也就是说，社区的需求决定了社区教育的内容和形式。例如，社区的卫生环境较差，需要增强社区居民的卫生环保意识，于是就在该社区举办卫生环保知识的讲座、研讨会等，组织社区居民学习相关的法规、条例和卫生环保常识，从而增强社区居民自觉爱护、保护生活环境的意识。

2. 教育对象具有广泛性

社区教育的对象是社区全体居民。这种全体性体现在三个方面。

（1）社区内开展的各项有益的教育活动需要全体居民共同参与，社区居民都可以按照自己的意愿与要求参加多种教育活动。

（2）社区居民既是受教育者，又是社区教育的管理者。居民可以对社区教育的政策、计划、活动提出意见，也可以选派代表参与社区教育的决策，即社区教育是一种自我教育、自我管理的活动。

（3）社区内的所有学校以及文化体育、娱乐设施都向社区的全体居民开放，以有偿或无偿的方式让全体居民使用。例如，学校或培训中心可以在晚间或双休日举办各种培训班或开展其他学习活动；文化馆或图书馆也向社区居民开放，成为市民学习的场所。

3. 教育内容与形式具有非约束性

社区教育对象的广泛性决定了社区教育的多样性。针对不同的教育对象，社区教育可以提供丰富的教育内容，采用多样的教育形式。社区教育不需要像普通的学校教育那样正规，它更是一种服务，没有严格的规定、界限，能最大限度地满足社区居民的学习需求。例如，社区可以举办知识讲座，也可以进行技术指导、技能训练；可以几个人组成小组学习，也可以一个人在家学。

（四）社区教育的作用

随着社区在社会管理中的地位不断提高，出现社会管理的中心向社区转移的新趋势。社区教育是实现终身教育、构建学习型社会的基础，发达的社区教育已成为一个国家教育现代化的重要标志之一。社区教育越来越受到社会重视和人民群众的好评，正是源自它多方面的功能。

1. 推进公民教育

我国历来十分重视社会主义精神文明建设。《公民道德建设实施纲要》明确指出社区在公民道德教育中有着义不容辞的责任。党的二十大报告提出，要提高全社会文明程度。社会主义精神文明建设的基本内容包括两个方面，即思想道德建设和科学文化建设。而社区教育的内容十分广泛，涵盖了科学、道德、法治、信仰以及其他与社会主流价值观相符的教育活动。社区是公民教育的基本载体，能通过多种形式的社区教育提升居民的政治、道德、法治等素养。

2. 支持社区的可持续发展

教育是社会可持续发展的重要推动力量，1995 年，曼谷国际社区教育大会进一步明确社区发展是"最终实现国家进步和社会发展的教育过程"。社区教育可以为社区发展提供精神动力和技术支持。个人、家庭、企业和政府共同参与到社区教育中，共同关心社区的各种问题，加强对话、理解和沟通，有利于共同推进社区的持续进步和发展。

3. 有助于构建学习型社会

我国在党的十六大报告中首次明确提出要"形成全民学习、终身学习的学习型社会"[1]之后持续推进。党的二十大报告中强调："推进教育数字化，建设全民终身学习的学习型社会、学习型大国。"[2] 社区教育是实现终身教育、建立学习型社会的一种途径。学习型社会理念引导人们以一种整合的观点看待各种社会教育资源，每个成员都可以按照自己的意愿选择学习的内容、方式，都可以随时随地学习，整个社会就是一个大课堂。社区教育有效地将人们组织成一个学习集体，有效地为社会成员提供多种教育，将

———————————

① 江泽民. 全面建设小康社会开创中国特色社会主义事业新局面——在中国共产党第十六次全国代表大会上的报告 [R]. 北京：人民出版社，2002: 28.

② 习近平. 高举中国特色社会主义伟大旗帜 为全面建设社会主义现代化国家而团结奋斗——在中国共产党第二十次全国代表大会上的报告 [R]. 北京：人民出版社，2023: 40.

家庭、学校及社区连为一体，形成一个生活、学习的社会环境，使终身教育与终身学习能获得广泛的支持。居民通过持续学习不断更新自己的知识，从而适应社会生活方式的迅速变迁，提高个人生活和生存的能力。

◎ 小贴士

所谓学习型社会，就是建立相应的机制，采取一定的手段来促进和保障全民学习和终身学习的社会形态。其基本特征是形成全民学习、终身学习、时时处处学习的社会氛围。学习型社会是 20 世纪 60 年代由美国学者罗伯特·哈钦斯首次提出的。1972 年，联合国正式向各国发出了向学习型社会迈进的号召。

4. 有利于发展社会文化

作为居民生活空间，社区不但有适宜的自然构成，而且要有丰富的文化构成。文化底蕴深厚的社区，必将赋予居民的精神世界以更多的色彩。党的二十大报告提出，要推进文化自信自强，铸就社会主义文化新辉煌。社区教育一方面能通过文化影响人，另一方面又能在居民的对话、沟通和交流中发展起新的文化氛围，创设出激发人上进的"学习型文化"，有助于推进文化强国建设。

 对点案例

小区共治共享，缔造学习氛围

胡同小区建设于 20 世纪八九十年代，小区整体面积不大，道路不宽，活动场地比较有限，但整个小区管理得井然有序、明亮卫生、温暖和谐。这个小区的面貌完全颠覆了我们对老旧小区的脏、乱、破、败的印象。

社区统筹共建单位资源，为小区住户全部安装了暖气，将公用空间改造成步道"窄窄巷子"、停车充电棚、"幸福食堂"等，开设有"小区议事厅""老党员之家""乐享乒乓馆""翰墨书香""书画室""悦动邻里"阅览室等。

硬件的改善，带来了软件的加速提升。社区在上级的支持下，坚持"人人皆学、时时能学、处处可学"的终身学习理念，常年组织小

区居民开展各类学习活动，有老年书法、绘画、智能手机、合唱、舞蹈、手工编织、传统戏曲、健康养生、时政讲座、演讲朗诵、展示评比等。终身学习美化了社区环境，充实了居民精神，浸润了居民身心，提升了居民生活品质，营造了幸福生活。

三、社区学前教育概述

（一）社区学前教育的概念

学前儿童是社区人口的组成部分，其教育是社区建设的一项重要内容。社区学前教育是为社区内学前儿童设置的教育设施和教育活动，是多层次、多内容、多种类的社会教育。

我国目前的社区学前教育主要包括正规的和非正规的学前教育。正规的社区学前教育是为3～6岁未入学的儿童所办的社区托儿所、幼儿园、学前班等机构开展的教育活动；非正规的社区学前教育则是组织学前儿童，特别是未进入托幼机构的散居学前儿童开展的教育活动。在实施途径上，通常正规的社区学前教育活动采用以幼儿园为主导的模式进行，而以社区为主导的模式常常用于非正规的社区学前教育活动。

（二）社区学前教育的特点

社区学前教育是当地社会经济、文化、教育事业发展的产物，它有着自身的独特性。其特点主要如下。

1.区域性

社区学前教育是以学前儿童为对象，以家庭为基础，以社区为依托的区域性教育。社区在城市有街道或居委会的形式，在乡村有以乡或村为基地的形式。社区在各个区域有着不同的地域特色，社区教育资源、社区学前儿童需求、社区的建设环境都有很大的地域差异。从区域性这个特点出发，社区学前教育应根据各个社区的地理位置、人文环境、人口构成、资源状况等特点，有针对性地开展符合社区学前儿童实际需要的教育活动。

2.实用性

社区的资源、环境最贴近学前儿童的生活，具有很强的实用性。学前儿童教育的设备和内容都可以因地制宜。社区不管是在城市还是在农村，都可以创设出富有特色的学前教育资源。

3. 综合性

社区学前教育是社区教育的重要组成部分，是社区教育系统的基础工程。社区学前教育不仅是社区与社区内家庭或托幼机构的合作，当地的妇联、其他教育机构也能参与进行指导和培训，其他部门如卫生保健部门和司法部门，还有各企事业单位也能积极参与、提供帮助，能产生多部门协同共育的效果。

4. 双向性

社区学前教育的影响不仅限于社区中的学前儿童，也包括学前儿童的家长，甚至是社区全体成员，因此社区学前教育应是双向互动的。社区要经常了解学前儿童家庭的意见，从人力、物力、制度等各方面尽力督导与支持托幼机构，努力办好学前儿童教育的相关设施与教育活动；学前儿童家庭要努力配合社区，利用社区教育设施和教育活动共同参与对学前儿童的教育。

（三）社区学前教育的作用

1. 为学前儿童提供补偿教育

发展社区学前教育，可以补充学前儿童学习的机会，为他们提供安全、有效的社区学习环境，也可以为那些无法入园接受正规托幼机构教育的儿童提供补偿教育，促进教育平等。

精彩假期活动

亲爱的小朋友们：

　　大家好！寒假如期而至，精彩始终相随！社区将于寒假期间在图书室开展青少年假期实践课堂，有书法、手工、魔方、棋艺等不同的课程主题，课程表如表2-2所示。小朋友们可根据个人兴趣爱好选择相应课程。因场地有限，也为了保证孩子们的安全，每项课程人数限制在20人以内。

表 2-2　课程表

时间	1.10（周二）	1.11（周三）	1.12（周四）	1.13（周五）
9:30—11:30		书法		
15:00—17:00	魔方		手工	棋艺
适合年龄段	5～12岁	6～18岁	5～12岁	6～18岁

注意事项如下：

1. 参与课程的小朋友需具备基础的自理能力。

2. 遵守课堂纪律，不迟到，不早退。

3. 与老师、同学间交谈要有礼貌，不打架，不骂人、不讲粗话、不损坏公物。

4. 自带水杯，写上名字，以免遗失。

有意愿参与的小朋友们可以在群内接龙报名（或由家长代替报名），报名时间截至 2023 年 1 月 9 日上午 12:00。大家有什么疑问也可以在群内咨询，我们看到后会第一时间回复。期待你的加入！

××社区

2023 年 1 月 5 日

2. 提升社区居民素养

社区提供学前教育服务，可以方便学前儿童的父母，为他们提供短时、应急的儿童托养和教育服务，起到支持、补充和调节学前儿童教育的作用。这既能提升家庭教育的质量，又能起到对社区居民宣传儿童教育的作用，还能使每位居民都关心学前儿童的成长，关心国家教育事业的发展，从而提高全社区居民的教育素养。

3. 提升家长参与家庭教育及社区活动的积极性

社区是学前儿童家长参与学前儿童教育以及与学前儿童互动的良好场所。同一社区的学前儿童父母及相关工作人员可以相互交流、相互支持。社区学前教育将托幼机构与家庭教育相结合，可以促进学前儿童家庭教育的社区化。社区学前教育还可以激发家长对社区的关心，使家长积极参与社区服务，共同建设社区。

4. 促进社区资源的最大化利用

社区作为一个生产功能、生活功能、文化功能兼备的社会小区，能为托幼机构教育及家庭教育提供教育需要的人力、物力、财力、教育场所等多方面的支持。社区学前教育将使社区的丰富资源被利用起来，使托幼机构的教育变得更生动，反过来家庭和托幼机构的教育资源也可以通过社区学前教育被更大程度地利用。

欢度"六一"　架起沟通桥梁

六一儿童节是小朋友们最重要的节日。为了在社区营造文明、祥和的节日氛围，让儿童度过一个丰富多彩、富有意义的节日。社区联合物业公司开展了"梦幻童年、放飞童心"的主题活动。

主题活动中包含盲人摸象、知识问答等环节，现场小朋友们个个神清气爽，通过自己的努力获得了心爱的礼物，他们的欢声笑语充满了小区各个角落。

本活动不仅使小朋友们度过了一个愉快而富有意义的节日，也搭建起了他们与父母之间真诚沟通的桥梁，社区更以自己的实际行动表达了对儿童的关心和寄予的希望，为构建和谐社区打下了坚实的基础。

（四）社区学前教育环境创设

心理学家怀特指出，在促进幼儿早期教育方面，最有效的做法是创造良好的环境。社区作为学前儿童及其家庭生活居住的场所，其良好的环境创设有助于学前儿童健康成长。

1. 社区学前教育物质环境创设的基本要求

（1）优美的自然环境。优美的自然环境是学前儿童最好的陪伴，能使学前儿童呼吸到新鲜的空气，能释放学前儿童的身心压力，使学前儿童感到安定。社区在自然景观方面要注重常规的绿植维护，也可针对学前儿童打造相应主题的景观，营造景观体验。

（2）充足的活动环境。社区学前儿童活动空间的安排是社区内部环境设计的一个重要环节。社区应该在建设之前做好各项准备工作，要了解不同年龄阶段的儿童活动特点、儿童心理变化及成长需要，要对各项游戏设施的摆放、大小高低以及周边环境营造、色彩搭配等都有很好的梳理，要让生活在其中的学前儿童能充分享受自由玩耍的时光。

（3）良好的卫生环境。卫生的环境是学前儿童及其家人身体健康的基础。社区要在日常做好社区环境卫生清洁、垃圾处理工作，要定期进行绿植、地面等的集中清理工作，要按要求进行绿植、设施的防疫消毒等工作。

（4）安全的社区环境。社区稳定是社会可持续发展的根基。社区要把安全管理放在第一位，从思想上重视，从制度上落实，从装备上落实，切实保障学前儿童及其家庭在社区中的生命和财产安全。

2. 社区学前教育精神环境创设的基本要求

（1）打造丰富的文化环境。社区通过以文化设施为载体，以丰富多样的文化建设活动吸引学前儿童及其家庭积极参与，能够有效发挥先进文化满足精神需求、凝聚人心的良好功能。社区可以结合中华优秀传统文化，不断打造美丽社区，如在不同的节日对环境进行布置（图2-2）。

（2）营造和谐的人际环境。社区的宣传活动以及其他各类活动的举办所体现出来的人际氛围对学前儿童有潜移默化的影响。社区要弘扬邻里互助精神，倡导睦邻共建和谐社区，在各类活动中要提倡家庭和睦、邻里团结、互相帮助、文明祥和。

图2-2　社区学前教育精神环境的创设

知识测试与实践

一、知识测试

（一）单项选择题

1. 学前儿童家庭教育的（ ）是指家庭对所要培养的学前儿童的质量规格的总的设想或规定。

    A. 方法   B. 途径   C. 目的   D. 策略

2. 下面哪一项不属于《幼儿园教育指导纲要（试行）》中儿童语言领域中的教育目标？（ ）。

    A. 乐意与人交谈，讲话礼貌

    B. 注意倾听对方讲话，能理解日常用语

    C. 能用适当的方式表达、交流探索的过程和结果

    D. 喜欢听故事、看图书

3. 社区教育的对象是（ ）。

    A. 社区工作人员   B. 社区物业   C. 社区儿童   D. 社区全体居民

（二）判断题

1. 学前儿童家庭教育主要是对学前儿童进行健康教育。（ ）

2. 对于3岁以下儿童的健康成长，保教人员应将爱与关怀作为儿童身心健康发展的首要条件。（ ）

3. 社区通常包括地域、人口、组织结构和文化四大基本要素。（ ）

（三）问答题

1. 学前儿童家庭教育的基本原则有哪些？

2. 幼儿园教育活动的原则主要有哪些？

3. 社区学前教育的作用有哪些？

第二章知识测
试参考答案

二、实践题

1.通过走访你所住小区附近的托幼机构，总结有哪些托幼机构，以及其提供的服务有哪些，并在小组内进行分享。

2.与自己的父母进行沟通交流，访谈以下问题：近来，父母是否获得过亲戚的支持、朋友的支持、邻居的支持、社区其他人员的支持，这些支持主要有哪些事项。

第三章

家园社合作共育的研究进展及我国主要政策法规

第三章导入

⊕ **本章导入**

> 　　关于学前儿童的教育，发达国家都倡导托幼机构要重视使用家庭和社区的资源，以丰富、加深儿童对自己、对他人和对社会的认识。家园社合作共育的推广在国内外都取得了一定的进展，国外一些国家有自己的发展特色。我国政府也非常重视家园社合作共育，强调托幼机构必须与家庭、社区相互配合，统一管理，以提高教育影响的一致性和有效性。

⊕ **知识目标**

　　1. 了解国外家园社合作共育的发展特色。
　　2. 了解我国家园社合作共育的发展阶段、研究成果，以及主要政策法规。

⊕ **能力目标**

　　能查找并说出我国家园社合作共育的主要政策法规。

⊕ **素质目标**

　　1. 通过对国内外家园社合作共育发展特点等的学习，能从他人经验中获得启迪。
　　2. 通过对我国家园社合作共育主要政策法规的学习，树立关注学前教育的意识。

第一节　国内外家园社合作共育的发展与研究

一、国外家园社合作共育的发展特色

国际教育组织呼吁要关注儿童的社会学习，加强幼儿园与家庭、社区的紧密配合。联合国教科文组织（UNESCO）在重新界定教育的使命时指出，为了实现世界公民目标，"不能再只是强调认知学习，还要强调情感和行为学习"。世界学前教育组织（OMEP）和国际儿童教育协会（ICEA）在 1999 年召开的 21 世纪国际幼儿教育研讨会上，通过了《全球幼儿教育大纲》，指出儿童的发展是"家庭、教师、保育人员和社区共同的责任"，教师要和家长"就儿童的成长以及和儿童家庭有关的问题，经常进行讨论、交流"，教师"要和心理学工作者、社会工作者、健康卫生人员、工商人员、公共服务机构、学校、宗教组织、休闲娱乐机构及家庭联合会等建立合作关系"。世界学前教育发达国家都倡导幼儿园要重视使用家庭和社区的资源，以丰富、加深儿童对自己、对他人和对社会的认识。国外一些国家家园社合作共育的发展特点，可扫描相应的二维码阅读。

美国家园社合作共育的发展特点

英国家园社合作共育的发展特点

意大利瑞吉欧教育体系的构建

二、我国家园社合作共育的发展阶段及研究进展

（一）我国改革开放后家园社合作共育的发展阶段

改革开放后家园社合作共育在我国经历了服务性联结关系、意识萌芽、意识成熟和初步发展四个阶段。

1. 服务性联结关系阶段（1978—1988 年）

在服务性联结关系阶段，教育遵循为生产服务的政策导向。在以经济建

设为核心任务的时期，幼儿园教育也担负起为生产服务、为社会发展服务的职责，这一时期保育是幼儿园的主要任务，缺乏幼儿园、家庭和社区协同共育的意识。

2. 意识萌芽阶段（1989—1995 年）

在意识萌芽阶段，政策的教育导向逐渐增强，家园共育受到重视，共育策略也更具体化、多样化。其中，1989 年的《幼儿园工作规程》针对服务对象、联系内容、教育和生活方面提出了详细要求，在较大程度上推动了家园共育的落实。幼儿园—家庭—社区的联结模式初步产生，使社区的资源优势得到关注。同时相关研究中也首次出现了三方协同发展的想法，并明确指出以幼儿园为中心，在发挥榜样作用的同时，汲取家庭和社区的有效育儿经验。

3. 意识成熟阶段（1996—2005 年）

在意识成熟阶段，社区的价值和作用进一步得到彰显。幼儿园、家庭和社区协同共育的理念在教育政策中有更加明确的体现。同时也突出强调幼儿园、社区共同指导家庭，提高家长参与的自主性和主动性。总的来说，这一阶段协同共育的重要性得到普遍的认可，共育的意识已经能够明确体现，但是研究只聚焦于家园共育，缺乏对社区资源的开发和利用。

4. 初步发展阶段（2006 年至今）

在初步发展阶段，学前教育的研究者和实践者已经意识到三方合作共育的重要性，并开始进行一系列的实践探索。幼儿园在合作共育中的主导作用进一步凸显，相关措施进一步明确和具体化。

总而言之，合作共育发展过程是有规律可循的，并呈现出相对稳定的几个特点：三方的关系与所处的时代背景相关，与社会发展相关；逐步发展受教育的政策导向影响较大；幼儿园在其中的主导地位明显。

（二）我国家园社合作共育相关研究进展

1. 在共育理念上，体现为"儿童本位"和"机构本位"

现有家园社区合作共育的研究虽然没有直接对家园社区合作共育理念进行研究，但是表现出家园社区合作共育的理念，主要为两种：一种是"儿童本位"，主要观点为家庭、托幼机构、社区共同构成服务于学前儿童发展的主体空间，对学前儿童的各方面发展起着关键性作用并为其提供支持；另一种是"机构本位"，主要表现为"利用""资源"等高频词的出现，在三方拥有不同资源的情况下，最大限度地实现资源流动与互换，以实现资源整合与利益最大化。

2. 在共育内容上，体现为双方借力或三方协同

关于家园社合作共育的研究，涵盖内容广泛，有基础理论研究、社会意义价值分析，也有课程研究分析，总体呈现出从双方借力到三方协同的研究趋势。

（1）托幼机构与家庭合作共育研究。主要有家园合作价值、存在问题、合作策略等方面的研究。

（2）托幼机构与社区合作共育研究。主要表现为三个方面：以社区为中心的相关研究、以幼儿园为中心的相关研究、幼儿园与社区相互融合的研究。

（3）家园社合作共育研究。随着教育理论研究不断深化，我国的大教育观逐渐形成，即提倡"三位一体"的教育。关于家园社区合作共育的研究，已有的文献主要分为对家园社区合作共育的理论研究和家园社区合作共育的实践启示两个方面。

3. 在共育形式上，体现为"面对面互动"和"不在场互动"

关于家园社合作共育形式的研究主要分为两种：一种是物理空间中的面对面互动形式的相关研究；一种是信息空间中的不在场互动的相关研究。前者的形式主要表现为幼儿园家长会、家长开放日、亲子活动、家访和接送交流等互动形式研究；后者主要分为基于信息技术的三方共育价值研究、基于信息技术的三方共育模式的研究，以及基于信息技术的三方共育的问题及对策的研究。

第二节 我国现行家园社合作共育的主要政策法规

我国现行学前教育政策与法规中关于家园社合作共育的主要内容如下。

一、《中华人民共和国教育法》

（一）说明

《中华人民共和国教育法》

为了发展教育事业，提高全民族的素质，促进社会主义物质文明和精神文明建设，根据宪法，制定本法。

本法于 1995 年 3 月 18 日在第八届全国人民代表大会第三次会议中通过，根据 2009 年 8 月 27 日第十一届全国人民代表大会常务委员会第十次会议《关于修改部分法律的决定》第一次修正，根据 2015 年 12 月 27 日第十二届全国人民代表大会常务委员会第十八次会议《关于修改〈中华人民共和国教育法〉的决定》第二次修正，根据 2021 年 4 月 29 日第十三届全国人民代表大会常务委员会第二十八次会议《关于修改〈中华人民共和国教育法〉的决定》第三次修正。

（二）关于"教育与社会"的相关条款

第四十六条　国家机关、军队、企业事业组织、社会团体及其他社会组织和个人，应当依法为儿童、少年、青年学生的身心健康成长创造良好的社会环境。

第四十八条　国家机关、军队、企业事业组织及其他社会组织应当为学校组织的学生实习、社会实践活动提供帮助和便利。

第四十九条　学校及其他教育机构在不影响正常教育教学活动的前提下，应当积极参加当地的社会公益活动。

第五十条　未成年人的父母或者其他监护人应当为其未成年子女或者其他被监护人受教育提供必要条件。

未成年人的父母或者其他监护人应当配合学校及其他教育机构，对其未成年子女或者其他被监护人进行教育。

学校、教师可以对学生家长提供家庭教育指导。

第五十一条　图书馆、博物馆、科技馆、文化馆、美术馆、体育馆（场）等社会公共文化体育设施，以及历史文化古迹和革命纪念馆（地），应当对教师、学生实行优待，为受教育者接受教育提供便利。

广播、电视台（站）应当开设教育节目，促进受教育者思想品德、文化和科学技术素质的提高。

第五十二条　国家、社会建立和发展对未成年人进行校外教育的设施。

学校及其他教育机构应当同基层群众性自治组织、企业事业组织、社会团体相互配合，加强对未成年人的校外教育工作。

第五十三条　国家鼓励社会团体、社会文化机构及其他社会组织和个人开展有益于受教育者身心健康的社会文化教育活动。

二、《幼儿园工作规程》

（一）说明

《幼儿园工作规程》

为了加强幼儿园的科学管理，规范办园行为，提高保育和教育质量，促进幼儿身心健康，依据《中华人民共和国教育法》等法律法规，制定本规程。

本规程于 2016 年 1 月 5 日由中华人民共和国教育部令第 39 号公布，自 2016 年 3 月 1 日起施行。

《幼儿园工作规程》不仅在幼儿园总的任务中增加了幼儿园面向幼儿家长提供科学育儿指导的内容，还在多个分章中强调要加强幼儿园与家长在各方面的联系合作。其中，第九章为关于幼儿园、家庭和社区的内容。

（二）关于"幼儿园、家庭和社区"的相关条款

第五十二条　幼儿园应当主动与幼儿家庭沟通合作，为家长提供科学育儿宣传指导，帮助家长创设良好的家庭教育环境，共同担负教育幼儿的任务。

第五十三条　幼儿园应当建立幼儿园与家长联系的制度。幼儿园可采取多种形式，指导家长正确了解幼儿园保育和教育的内容、方法，定期召开家长会议，并接待家长的来访和咨询。

幼儿园应当认真分析、吸收家长对幼儿园教育与管理工作的意见与建议。

幼儿园应当建立家长开放日制度。

第五十四条 幼儿园应当成立家长委员会。

家长委员会的主要任务是：对幼儿园重要决策和事关幼儿切身利益的事项提出意见和建议；发挥家长的专业和资源优势，支持幼儿园保育教育工作；帮助家长了解幼儿园工作计划和要求，协助幼儿园开展家庭教育指导和交流。

家长委员会在幼儿园园长指导下工作。

第五十五条 幼儿园应当加强与社区的联系与合作，面向社区宣传科学育儿知识，开展灵活多样的公益性早期教育服务，争取社区对幼儿园的多方面支持。

三、《幼儿园教育指导纲要（试行）》

（一）说明

《幼儿园教育指导纲要（试行）》

为贯彻《中华人民共和国教育法》《幼儿园管理条例》和《幼儿园工作规程》，指导幼儿园深入实施素质教育，制定本纲要。

本纲要是教育部指导广大保教人员将《幼儿园工作规程》等教育思想和观念转化为教育行为的指导性文件。纲要总则第三项提出，幼儿园应与家庭、社区密切合作，与小学相互衔接，综合利用各种教育资源，共同为幼儿的发展创造良好的条件。纲要第三部分"组织与实施"里有关于家园社教育环境资源利用的相关内容。

（二）关于家园社教育环境资源利用的相关内容

环境是重要的教育资源，应通过环境的创设和利用，有效地促进幼儿的发展。

第一，幼儿园的空间、设施、活动材料和常规要求等应有利于引发、支持幼儿游戏和各种探索活动，有利于引发、支持幼儿与周围环境之间积极地相互作用。

第二，幼儿同伴群体及幼儿园教师集体是宝贵的教育资源，应充分发挥这一资源的作用。

第三，教师的态度和管理方式应有助于形成安全、温馨的心理环境；言行举止应成为幼儿学习的良好榜样。

第四，家庭是幼儿园重要的合作伙伴。应本着尊重、平等、合作的原则，争取家长的理解、支持和主动参与，并积极支持、帮助家长提高教育能力。

第五，充分利用自然环境和社区的教育资源，扩展幼儿生活和学习的空间。幼儿园同时应为社区的早期教育提供服务。

四、《托育机构管理规范（试行）》

（一）说明

为加强托育机构管理，国家卫生健康委根据《中华人民共和国未成年人保护法》等法律法规以及《国务院办公厅关于促进3岁以下婴幼儿照护服务发展的指导意见》，组织制定了本规范，并于2019年10月8日下发通知执行。

《托育机构管理
规范（试行）》

本规范适用于经有关部门登记、卫生健康部门备案，为3岁以下婴幼儿提供全日托、半日托、计时托、临时托等托育服务的机构。

（二）关于管理中与家庭、社区合作共育的相关条款

第十三条　托育机构应当建立与家长联系的制度，定期召开家长会议，接待来访和咨询，帮助家长了解保育照护内容和方法。

托育机构应当成立家长委员会，事关婴幼儿的重要事项，应当听取家长委员会的意见和建议。

托育机构应当建立家长开放日制度。

第十四条　托育机构应当加强与社区的联系与合作，面向社区宣传科学育儿知识，开展多种形式的服务活动，促进婴幼儿早期发展。

第十七条　托育机构应当顺应喂养，科学制定食谱，保证婴幼儿膳食平衡。有特殊喂养需求的，婴幼儿监护人应当提供书面说明。

第二十二条　托育机构应当建立照护服务日常记录和反馈制度，定期与婴幼儿监护人沟通婴幼儿发展情况。

第二十四条　托育机构应当坚持晨午检和全日健康观察，发现婴幼儿身体、精神、行为异常时，应当及时通知婴幼儿监护人。

第二十九条　托育机构应当落实安全管理主体责任，建立健全安全防护

措施和检查制度，配备必要的安保人员和物防、技防设施。

第三十条　托育机构应当建立完善的婴幼儿接送制度，婴幼儿应当由婴幼儿监护人或其委托的成年人接送。

第三十七条　托育机构应当加强党组织建设，积极支持工会、共青团、妇联等组织开展活动。

托育机构应当建立工会组织或职工代表大会制度，依法加强民主管理和监督。

第三十八条　托育机构应当制订年度工作计划，每年年底向卫生健康部门报告工作，必要时随时报告。

第三十九条　各级妇幼保健、疾病预防控制、卫生监督等机构应当按照职责加强对托育机构卫生保健工作的业务指导、咨询服务和监督执法。

第四十条　建立托育机构信息公示制度和质量评估制度，实施动态管理，加强社会监督。

五、《全国家庭教育指导大纲》

（一）说明

《全国家庭教育指导大纲（修订）》（节选）

为了深入贯彻落实《中共中央　国务院关于进一步加强和改进未成年人思想道德建设的若干意见》，提高全国家庭教育总体水平，促进儿童全面健康发展，依据《中华人民共和国未成年人保护法》《中华人民共和国义务教育法》《中华人民共和国母婴保健法》《中华人民共和国预防未成年人犯罪法》等法律法规，全国妇联、教育部等部门于 2010 年 2 月 8 日联合印发《全国家庭教育指导大纲》。

多年来，本大纲在指导家庭教育理论研究，规范家庭教育内容，提高家庭教育指导服务科学性、针对性和实效性等方面发挥了重要作用。为强化品德教育在家庭教育中的核心地位，适应新时代家庭教育发展的新需求，全国妇联、教育部等部门共同对大纲进行了修订，并于 2019 年 5 月 14 日印发《全国家庭教育指导大纲（修订）》（以下简称《大纲》）。

（二）相关内容

1. 家庭教育的指导原则

家庭教育指导是指相关机构和人员为提高家长教育子女能力而提供的专业性支持服务和引导。家庭教育指导工作应坚持以下基本原则。

（1）思想性原则。遵循党的教育方针，以促进儿童全面健康成长为目标，以立德树人为根本任务，通过实施科学的家庭教育指导，推进家庭教育在培养德智体美劳全面发展的社会主义建设者和接班人中发挥重要基础作用。

（2）科学性原则。遵循家庭教育规律，为家长提供科学化、专业化、规范化的指导服务，家庭教育指导机构和指导者应具备相应的专业资质和能力。

（3）儿童为本原则。尊重儿童身心发展规律和个体差异，创设适合儿童成长的必要条件，保护儿童各项权利，促进儿童自然、全面、充分、个性发展。

（4）家长主体原则。确立为家长服务、提供支持的观念，尊重家长意愿，坚持需求导向，调动家长参与的积极性；引导家长注重提升自身素质，注重家庭建设和良好家风传承，促进亲子互动共同提高。

2. 保障措施

（1）加强组织领导。各地各相关部门要高度重视，加强对《大纲》实施工作的领导，在组织开展社会宣传、理论研究、教材开发、骨干培训、工作督导评估时，都要以《大纲》为依据和框架。同时要引导和帮助家庭教育指导机构和指导者根据《大纲》要求开展家庭教育指导工作。

（2）明确职责分工。各地各相关部门要结合地方实际和部门职能，统筹制定实施计划，指导所属家庭教育指导机构按照《大纲》内容开展家庭教育支持服务工作。

（3）注重资源整合。各地各相关部门要加大家庭教育指导工作经费的投入，争取将家庭教育指导纳入地方财政预算或相关民生工程。要统筹各方面力量，完善共建机制，形成政府、学校、家庭、社会密切配合的家庭教育社会支持网络。

（4）加强理论研究。各地各相关部门要指导推动各级各类家庭教育研究会（学会）以及高校、科研机构加强家庭教育理论研究，在《大纲》框架下，

组织研发指导教材等服务产品、制定监测评估标准等，推动加快家庭教育学科建设，努力构建家庭教育理论和学科体系。

（6）抓好队伍建设。各地各相关部门要按照《大纲》要求，对家庭教育指导者、家庭教育工作骨干、中小学幼儿园教师、托育服务机构工作人员等加强系统化的专业知识培训，提升家庭教育指导服务队伍的专业化水平，形成专兼结合、具备指导能力的家庭教育指导工作队伍。

（6）培育社会组织。各地各相关部门要加强家庭教育指导的专业社会组织的培育与孵化。以项目制的方式开展培训与资源整合，鼓励社会组织进驻社区开展家庭教育指导，让家长享受到家门口的专业家庭教育指导与咨询。

（7）扩大社会宣传。各地各相关部门要通过多种渠道，大力宣传《大纲》主要内容和实践要求，使正确的家庭教育理念和科学的家庭教育知识深入人心，为家庭教育工作开展营造良好的社会氛围。

六、《中华人民共和国家庭教育促进法》

（一）说明

《中华人民共和国家庭教育促进法》

为了发扬中华民族重视家庭教育的优良传统，引导全社会注重家庭、家教、家风，增进家庭幸福与社会和谐，培养德智体美劳全面发展的社会主义建设者和接班人，制定本法。本法于 2021 年 10 月 23 日第十三届全国人民代表大会常务委员会第三十一次会议通过，并于 2022 年 1 月 1 日起施行。

家庭教育促进法的目的之一是引导全社会注重家教家风的建设。本法第五条第四项指出，在家庭教育中要求"家庭教育、学校教育、社会教育紧密结合、协调一致"，第五项指出"结合实际情况采取灵活多样的措施"。

（二）关于"社会协同"的相关条款

第三十八条　居民委员会、村民委员会可以依托城乡社区公共服务设施，设立社区家长学校等家庭教育指导服务站点，配合家庭教育指导机构组织面向居民、村民的家庭教育知识宣传，为未成年人的父母或者其他监护人提供家庭教育指导服务。

第三十九条　中小学校、幼儿园应当将家庭教育指导服务纳入工作计划，作为教师业务培训的内容。

第四十条　中小学校、幼儿园可以采取建立家长学校等方式，针对不同年龄段未成年人的特点，定期组织公益性家庭教育指导服务和实践活动，并及时联系、督促未成年人的父母或者其他监护人参加。

第四十一条　中小学校、幼儿园应当根据家长的需求，邀请有关人员传授家庭教育理念、知识和方法，组织开展家庭教育指导服务和实践活动，促进家庭与学校共同教育。

第四十二条　具备条件的中小学校、幼儿园应当在教育行政部门的指导下，为家庭教育指导服务站点开展公益性家庭教育指导服务活动提供支持。

第四十三条　中小学校发现未成年学生严重违反校规校纪的，应当及时制止、管教，告知其父母或者其他监护人，并为其父母或者其他监护人提供有针对性的家庭教育指导服务；发现未成年学生有不良行为或者严重不良行为的，按照有关法律规定处理。

第四十四条　婴幼儿照护服务机构、早期教育服务机构应当为未成年人的父母或者其他监护人提供科学养育指导等家庭教育指导服务。

第四十五条　医疗保健机构在开展婚前保健、孕产期保健、儿童保健、预防接种等服务时，应当对有关成年人、未成年人的父母或者其他监护人开展科学养育知识和婴幼儿早期发展的宣传和指导。

第四十六条　图书馆、博物馆、文化馆、纪念馆、美术馆、科技馆、体育场馆、青少年宫、儿童活动中心等公共文化服务机构和爱国主义教育基地每年应当定期开展公益性家庭教育宣传、家庭教育指导服务和实践活动，开发家庭教育类公共文化服务产品。

广播、电视、报刊、互联网等新闻媒体应当宣传正确的家庭教育知识，传播科学的家庭教育理念和方法，营造重视家庭教育的良好社会氛围。

第四十七条　家庭教育服务机构应当加强自律管理，制定家庭教育服务规范，组织从业人员培训，提高从业人员的业务素质和能力。

七、《幼儿园保育教育质量评估指南（2022）》

（一）说明

《幼儿园保育教育质量评估指南（2022）》由教育部于2022年2月10日印发，是为深入贯彻全国教育大会精神，加快建立健全教育评价制度，促

《幼儿园保育
教育质量评估
指南》

进学前教育高质量发展，根据中共中央、国务院《关于学前教育深化改革规范发展的若干意见》和《深化新时代教育评价改革总体方案》精神而制定。本指南有附件《幼儿园保育教育质量评估指标》，其中，"家园共育"是考查的关键指标之一。

（二）关于"家园共育"的考查要点

第一，幼儿园与家长建立平等互信关系，教师及时与家长分享幼儿的成长和进步，了解幼儿在家庭中的表现，认真倾听家长的意见建议。

第二，家长有机会体验幼儿园的生活，参与幼儿园管理，引导家长理解教师工作对幼儿成长的价值，尊重教师的专业性，积极参与并支持幼儿园的工作，成为幼儿园的合作伙伴。

第三，幼儿园通过家长会、家长开放日等多种途径，向家长宣传科学育儿理念和知识，为家长提供分享交流育儿经验的机会，帮助家长解决育儿困惑。

第四，幼儿园与家庭、社区密切合作，积极构建协同育人机制，充分利用自然、社会和文化资源，共同创设良好的育人环境。

知识测试与实践

一、知识测试

（一）单项选择题

1.瑞吉欧教育的环境是（　　　）创造的结果。

A.教师　　　B.家长　　　C.社区　　　D.团体共同

2.家庭教育指导的原则中，应坚持"（　　　）主体"原则。

A.家长　　　B.儿童　　　C.教师　　　D.社区

（二）判断题

1.美国社会强调母亲对子女的作用，而忽视父亲教育的影响。（　　　）

2.《幼儿园工作规程》指出，家长委员会在幼儿园园长指导下工作。
（　　　）

（三）问答题

1.英国家园社合作共育的主要特点有哪些？

2.《幼儿园保育教育质量评估指南（2022）》关于教育教学中的关键指标"家园共育"的考查要点有哪些？

第三章知识测
试参考答案

二、实践题

1.选择本节提到的主要政策法规中的一种进行重点阅读，并整理其中涉及家园社合作共育的相关内容。

2.收集整理一份《幼儿园家长委员会章程》，了解其中所涉及的主要内容。

第四章
家庭与托幼机构的合作共育

第四章导入

⊕ 德育驿站

泰山不让土壤，故能成其大。河海不择细流，故能成其深。

——《史记·李斯列传》

⊕ 本章导入

> 家长已成为托幼机构在共同育儿上的重要合作伙伴，更多家长开始与托幼机构配合，共同育儿。家庭与托幼机构合作共育的形式有多种，新时代移动互联网的发展为双方合作共育提供了更为便捷的途径。然而学前儿童的家长、家庭环境类型多样，在合作共育中托幼机构还需要针对性地给予家长指导。

⊕ 知识目标

1. 理解家庭与托幼机构合作共育的主要内容及意义。
2. 了解家庭与托幼机构合作共育的主要影响因素及问题。
3. 熟悉家庭与托幼机构合作共育的主要形式。
4. 掌握不同儿童家庭教育的指导策略。

⊕ 能力目标

1. 能有效运用沟通技巧应对家庭与托幼机构合作共育中的问题。
2. 能利用多种形式与家庭进行合作共育。
3. 能对不同儿童进行家庭教育指导。

⊕ 素质目标

1. 通过对家庭与托幼机构合作共育的学习，树立与时俱进、不断创新的意识。
2. 通过对不同儿童家庭教育指导策略的学习，树立正确的儿童观和保教观。

第一节　家庭与托幼机构合作共育的内容及意义

一、家庭与托幼机构合作共育的主要内容

（一）帮助家长了解儿童特点，掌握科学育儿方法

托幼机构要帮助家长了解不同年龄段儿童身心发展的特点，指导家长有针对性地、科学地开展家庭教育活动。托幼机构要教会家长家庭教育的科学方法，使家长能够灵活运用家庭教育的方法。一些家长对儿童的教育十分重视，但总是不得其法。例如，过多过早的纪律教育、过于严厉的教育方式，会使儿童的生活充满不安全感和恐惧。儿童生活在忧虑中，心理压力就会过大，甚至产生心理疾病。另一种情形则相反，有的家长对儿童的教育过于放松，任何事情都迁就儿童，使儿童在成长过程中不能树立"边界"意识。这些问题都需要通过托幼机构对家庭教育的指导来避免和解决。

（二）实现家庭与托幼机构同向、同步教育

托幼机构与家长有着共同教育学前儿童的任务，两者的关系处理得怎么样，将直接影响着教育的一致性与连续性。家庭和托幼机构犹如一车两轮，分离脱节则寸步难行，只有家园合作，同向同步形成合力，才能帮助学前儿童更好发展。

因此，托幼机构保教人员要转变观念，不要把家长看作被动的配合者，而应该充分利用家长资源，使他们真正成为托幼机构教育工作的合作者、共育者。为此，托幼机构需要制订家园共育的具体计划和目标，并与家长共同努力完成教育目标。

◎小贴士

2022年4月12日，济南市教育局在全国率先印发《济南市幼儿劳动启蒙教育实施方案（试行）》，推出济南市幼儿园劳动启蒙教育、济南市幼儿园幼儿居家劳动启蒙教育"两张清单"，推动建立以幼儿园为主导、家庭为基础、社区为依托的劳动启蒙教育协同实施机制。

（三）指导家庭教育，积极向家长宣讲家庭教育的内容

托幼机构指导家庭教育的目的是要转变家长教育观念，改善家庭育人环境，提高家庭教育质量。托幼机构可以成立家庭教育指导中心，无偿为家长服务。指导家庭教育的主要形式有多种，如家长会、家长开放日等。不少家长不知道在家里给儿童进行什么内容的教育，以为家庭教育就只是教儿童认字、数数。因此，托幼机构应积极向家长宣讲家庭教育的内容。

（四）更好地为家长服务

托幼机构教育要服务于社会，是培养社会和谐发展人才的基础性工作。托幼机构的服务对象主要是家长和学前儿童，随着市场竞争的日益激烈，托幼机构的服务质量已经成为影响家长评价托幼机构工作的关键因素。托幼机构应该树立为家长服务的意识，以质量求生存，以服务求发展。

托幼机构应秉承"尊重家长，爱岗敬业，热诚公正，优化服务"的理念，想家长所想，急家长所急，不断推出服务于家长的、富有弹性的制度。例如，早送和晚接制度、寒暑假轮休制度、设立家长意见箱等，认真听取家长的意见和建议，考虑家长的困难，让家长参与对保教工作的评价，不断整改教师的教育行为，提高为家长服务的质量，解除家长的后顾之忧。

二、家庭与托幼机构合作共育对不同主体的积极意义

（一）对学前儿童的积极意义

在20世纪90年代，我国已提出"家园共育"这种理念。其本质特点就是一个"共"字，即幼儿园与家庭、教师与家长相互配合，共同促进学前儿童的发展。托幼机构作为正规教育机构，要发挥主导作用，必须将家长工作列入议事日程，把家长工作放在与保教工作同等重要的位置上，充分重视并主动做好家长工作，使托幼机构与家长在教育思想、原则、方法等方面取得统一认识，形成教育的合力，促进幼儿的健康和谐发展。

1. 有助于学前儿童建立安全感

根据埃里克森的理论，当儿童从照顾者身上获得可预测的、一致的反应时，他们能培养对周围人和环境的信任感。早期安全的亲子关系是学前儿童建立信任感和安全感的基础。与家庭建立了积极依恋关系的学前儿童，在进入托幼机构后，学前儿童会将这种依恋关系延伸至教师。积极的亲师

关系也将为学前儿童树立合作和人际交往的良好榜样。

2. 有助于学前儿童建立积极的社会关系和自我价值感

当学前儿童察觉到家长受到教师等的尊重时，自我价值感也会随之提高。家长参与共育不仅可以改善学前儿童在园的表现，也会使学前儿童对托幼机构持有更正面的态度，使学前儿童更好地适应托幼机构。

3. 有助于学前儿童的学习

家长与托幼机构经常对儿童成长的相关信息进行交流，使双方更全面、清楚地了解儿童，有助于共同制订儿童的发展目标，并相互配合，给予儿童个性化的回应和互相一致的反应，对儿童的学习起到积极作用。

（二）对家长的积极意义

1. 有助于让家长感到支持

家园合作共育最直接的好处是使家长感受到托幼机构对自己的支持，使家长感到托幼机构共担着教育儿童的责任。良好的亲师关系，可以便于家长与教师分享生活中的美好与不美好，有利于舒缓家长的紧张和焦虑情绪。

2. 有助于家长掌握教养知识与技巧

学前儿童年龄小，对家长的依赖性大，依恋情感深，容易接受家长的教育。但现实中，许多家长往往只是按照自然法则扮演家长的角色，并不了解学前儿童教育的真正含义，缺乏科学方法，在教育观念和教养方式上存在着种种误区和偏差。托幼机构要了解和分析家庭教育的特点与问题，通过家长工作，引导家长改进家庭教育，树立正确的教育观、教养态度和方法；增强科学育儿的自觉性，发挥家教优势，给儿童以积极良好的影响。

3. 有助于调动家长的积极性

家长参与托幼机构的共育工作，使家长感到自己是儿童教育的一员，有助于使他们产生家长身份认同感，提高为人父母的自尊心，从而更积极地参与家园共育工作。另外，家长有不同的职业背景，具有各种各样的资源优势，如有医生、设计师、消防员等。家长参与到托幼机构的教育中，可以使教育的内容更加丰富，更贴近学前儿童的生活；有利于提高学前儿童的学习兴趣，使其全面健康地发展。

（三）对保教人员的积极意义

开展家长工作已成为保教人员必须具备的基本能力之一。能否成功地开

展多种形式的家长活动，也是体现托幼机构保教人员工作能力的一个方面。重视家长工作，通过开展家长交流活动，了解儿童在家的表现，从而全面地了解儿童，并以此为参考，及时调整教育目标，使教育更有针对性；同时，还可以发现自己在工作中的不足，积累经验，在学前儿童与家长的积极反馈中增强与家长的交往能力，获得职业的价值感。

（四）对托幼机构的积极意义

家园合作共育有助于为托幼机构作宣传，扩大知名度和美誉度。因为最了解托幼机构的外部公众就是家长。家长满意是托幼机构树立口碑和品牌形象的基础。因此满足家长的育儿需要，也是托幼机构及其教师工作的重点之一。例如，有的保教人员很有耐心，不厌其烦地指导学前儿童学习各项生活技能，受到家长的赞誉，家长会向其周围的人宣传，这种宣传影响着托幼机构在社会上的声誉。家长成为托幼机构信誉的"义务宣传员"，有助于为托幼机构树立良好的社会形象。

第二节　家庭与托幼机构合作共育的影响因素及主要问题

一、家庭与托幼机构合作共育的主要影响因素

（一）家长

1.家长的教育身份

在家庭教育中，家长的教育职责非常重要，家庭中父亲、母亲以及祖辈家长（爷爷和奶奶等）承担的教育的任务虽有不同，但都具有重要的意义。

（1）父母的教育身份。传统意义上父母的角色分工及教育责任区分比较明显。传统意义上，父亲教育责任的主要表现是加速儿童的社会化进程。而母亲教育责任的主要表现是训练儿童的自主能力，满足儿童的情感需要，促进儿童的社会性发展和智力发展。相对以往来讲，母亲比较了解儿童，而且会花费更多的时间管教儿童。现代教育思想认为，父亲和母亲同等重要，父亲应该履行自身的教育职责，应多花时间和精力照顾和教导儿童。父母对于学前儿童有保护和教导的权利和义务，现代父母应根据法律要求对学前儿童进行监护和教养。

（2）祖辈家长的教育身份。祖辈家长是指比父母长一辈的家长，如祖父母、外祖父母。祖辈家长在隔代教育中尤为重要，涉及祖辈家长在家庭教育中的角色定位和社会认可程度，这种身份必须是通过祖辈与孙辈在互动中的共同作用产生的。在家庭教育过程中，祖辈家长可以负责孙辈的生活与教育方面的责任，可以是家庭经济的主要承担者，还会是合法保护孙辈的保护者、监护人等身份。祖辈家长参与家庭教育有独特的功能和价值：①祖辈家长有充分的时间和精力关注孙辈，能减轻孙辈父母的负担，促进家庭关系和谐，还能够成为孙辈与其父母的沟通纽带；②祖辈家长具有相对丰富的抚养儿童的生活经验，对儿童在不同年龄段出现的问题，能够做出适当的处理，只是有的教育观念相对保守；③祖辈家长在社会实践中积累了丰富的阅历和人生感悟，这些正是促进儿童社会性发展和有效处理儿童教育问题的宝贵财富；④祖辈家长与父母、孙辈组建的主干家庭使儿童体验到

复杂的人际关系，这对儿童的成长比较有利，能充分发挥家庭教育的功能；⑤祖辈家长平和与宽容的心态，可以缓解儿童的压力，他们也愿意从与儿童一起的生活中获取乐趣，而且能够耐心地倾听儿童的表达，观察他们的表现，能使儿童在宽松、和谐的精神环境中成长。

2.家长的教育观念

家长的教育观念包括家长的儿童观、教育观、人才观。

（1）家长的儿童观是家长对儿童的总的认识和看法，是对儿童的权利和地位、儿童的特质和能力，以及儿童发展规律的认识。《儿童权利公约》规定的四条原则体现了公约的基本精神：无歧视原则；儿童利益优先原则；保障儿童生存、生命和发展的原则；尊重儿童观点和意见的原则。对于家长来讲，应树立的儿童观为：①儿童是一个非成年人，需要家长的关心和照顾；②儿童是一个独立的人，应当尊重他的权利和人格；③儿童是一个有潜力的人，家长应当信任和培养他；④不要拿自己的孩子与其他儿童比。

（2）家长的教育观，即对教育的看法，包括对教育过程和教育结果的权衡，对教育的目的、中心、内容等的认识。家长的教育观应为：①不仅关注儿童的智力发展，还要重视儿童非智力因素的发展，尤其是创造力的发展；②不仅要注重儿童的身体健康，更要关注儿童的心理健康；③应认识到儿童教育是家园共同的责任，应认识到家庭教育是学校教育的延伸和补充，应积极地与幼儿园、社区等进行合作和沟通，更好地促进儿童的全面发展。

（3）家长的人才观，是指家庭教育者对人才价值的观念和对子女成才的价值取向。家长的人才观决定着其对儿童成才引导的价值取向，决定着其对儿童的看法、期望和在家庭教育过程中的基本行为。未来社会里，我国既需要发展知识密集型产业，也需要保留大量劳动密集型产业。这就决定了经济建设和社会发展在人才资源方面的多样化需求。因此家长应尽量做到这几点。①家长应树立人人能成才的人才观。尽管每个儿童都存在着差异，家长应相信每个儿童都有自己的智能优势，通过良好的教育、训练，每个儿童都能成才。②家长要善于观察和发现儿童的兴趣爱好、优势特长、身心状况等，有意识地加以引导和教育。③家长应树立终身学习的人才观。人才的成长最终要在社会实践和自身努力中来实现。家长要作儿童的表率，不断学习，甚至在某些方面向儿童学习，和儿童一起成长。

3. 家长的教育方式

家长的教育方式是指家长在教育、抚养学前儿童的日常活动中表现出的一种行为倾向。它是对家长各种教养行为的特征概括，是一种具有相对稳定性的行为风格。良好的教养方式有利于学前儿童的身心发展。在现代家庭教育活动中，家长的教养方式大致可分成民主、专制、忽视、溺爱四种类型。但在现实中，多数父母表现出复合型的教养方式。

（1）民主型。民主型的父母在亲子间的互动与沟通上表现出开放且双向的模式。父母能聆听儿童的想法，并和儿童协商决定一些事情。民主型的父母能够接纳儿童的性格特征，尊重儿童的个性差异，能敏锐地观察儿童的需求并给予及时的回馈，而不是命令和指责儿童。家长会在合理的限制中让儿童作出选择，让儿童为自己的行为负责。儿童在这种氛围下成长，个性比较独立，也喜欢挑战新鲜事物，环境适应能力较强。

（2）专制型。专制型的父母习惯以权力控制儿童的行为和态度。在儿童面前，父母就是权威，什么都得听从父母的安排，极少有让儿童发表自己意见的空间。专制型的父母交流方式更多的是下指令，在儿童人格成长过程中，父母总是扮演命令者的角色，儿童往往听从于一个口令一个动作，性格上较为被动，态度也偏向消极退缩，不喜欢主动选择，缺乏思考。

（3）忽视型。忽视型的父母就是尽量满足儿童的需求，但也尽量和儿童保持距离，一般不主动与儿童交往和沟通，一切以方便省事为原则。如果儿童哭闹，自己只要能安抚好就可以，不会给予更多的关心和安慰，也不寻找儿童哭闹背后的原因。儿童由于长期被忽视，会认为自己不受重视，降低自我价值，人格偏向负面发展，且从小无法与最亲密的人建立良好的依恋关系，容易与人疏离，影响日后人际交往的发展。

（4）溺爱型。溺爱型分为放任型和过度保护型。放任型的父母完全接纳儿童的想法，让儿童自由发展，较少纠正儿童，当儿童有情绪反应时立即给予安慰，但很少要求和指导儿童的行为。儿童在完全放任的情形下发展，容易养成不尊重别人，不注意礼节，缺乏目标与学习动机的不良习惯。过度保护型的父母往往事先替儿童作决定，不信任儿童的能力，但尽可能满足儿童的一切要求。这样的儿童从小依附于父母，容易凡事以自我为中心，较少考虑他人的立场，自己缺乏独立作主及完成事情的能力。

对点案例

翠鸟移巢（译文）

明·冯梦龙

有一种非常美丽的小鸟叫翠鸟。它开始时把窝筑在高高的树尖上，目的是避免被人们伤害。后来翠鸟孵出了小翠鸟，翠鸟妈妈非常喜爱鸣叫的小翠鸟，生怕小翠鸟不小心掉下来摔伤了。翠鸟妈妈就把窝稍微向下移动了一点。

小翠鸟一天天长大，渐渐地长出了羽毛，十分漂亮动人，翠鸟妈妈就更加疼爱自己的小翠鸟了，更怕它掉下来受到伤害。于是，翠鸟妈妈又把窝向下移动，移到只有一个人高的树枝上。

一天，翠鸟妈妈外出给小翠鸟觅食。一个过路人一伸手就把小翠鸟给掏走了。

爱子之心可以理解，但"丧子之祸"亦不可避免。这个后果可能是父母们始料不及的。

4.家长的教育能力

家长的教育能力是家长在育儿过程中所体现的能力，具体表现为在教育儿童过程中运用科学的方式方法的技能。

（1）儿童行为目的分析能力。要教育好儿童就必须认识儿童。儿童的每一个阶段都表现出迥然不同的发展特征。家长对儿童行为目的的分析能力便尤为重要。每个儿童都是独特的个体，都有自己最擅长的做事方式。家长应从儿童的行为背后挖掘原因，让儿童自己说明做事的目的和方法，家长最好去接受它，让儿童发挥自己的优势，而不是刻意地改造。

（2）与儿童的沟通能力。家长掌握了这种能力，既有利于家庭和谐氛围的营造，也有利于达成儿童教育的效果。家长最大的乐趣莫过于看着儿童快乐地成长。但对于工作忙碌的家长来说，却难得与儿童相处。儿童的心里总有许多稀奇古怪的想法，但由于时代差异，家长们很难真正了解儿童的心理。因此，要在有限的时间内与儿童沟通，给儿童正确的教育，就需要家长有良好的沟通技巧。与儿童沟通之前，家长必须清楚地知道沟通目的是什么，过程中要多倾听儿童的诉求，以提高沟通质量。

（3）自身的情绪控制能力。在家庭中，如果亲子关系较好，家长与儿童之间的沟通畅通，儿童往往能够主动地学习、追求上进。相反，亲子关系紧张的家庭，不管家长怎样教育，都无济于事。主要原因是亲子之间的沟通有障碍，有些家长在面对儿童的问题时，常常以简单、粗暴的方法与态度来处理，有些家长则一味说教或非打即骂，使儿童产生逆反心理。

（4）角色扮演能力。家长尤其是父母，是家庭生活的管理者，他们扮演着重要的角色。当今社会，教育儿童不仅仅是父母一方的责任，父亲和母亲的教育作用同等重要。即使父母工作再忙碌，也应抽出时间陪伴儿童、教导儿童。父母应关心和了解儿童的身心成长，并在管教的过程中建立一致的态度。在整个家庭教育中，父母都应该重视自身言传身教的作用，扮演好父母角色，做儿童的榜样。

（二）保教人员

在家长与保教人员建立的合作关系上，保教人员扮演着发起者的角色，保教人员的专业能力、自我觉知能力、态度和沟通技巧都影响着双方合作共育的效果。

1. 专业能力

在家长与保教人员的合作关系中，保教人员对专业精神及专业角色的认知观念是根本所在。传统的专业概念中，保教人员与学前儿童家庭的关系是单向的，是由保教人员指导家长并尝试影响家长的。这种关系显然不利于家园合作。因此，保教人员要摒弃传统的观念，建立新的专业角色，将家长看成是能作出贡献、实施决策的积极参与者，要主动与家长分享责任及权利。这是一种互惠互利的关系，家长既是信息及服务的接受者，也是贡献者。保教人员还要认识到，拥有专业知识并不意味着要为家长提供所有问题的答案，而是要帮助家长学会通过自己找到对策，解决挑战，或者鼓励家长之间相互支持与启发。每位家长都有他们自己的专业领域，所以保教人员应具备的新专业技能之一就是认识家庭、挖掘家长的专业资源，跟家长建立良好的合作关系。

2. 自我觉知能力

自我觉知能力包括了解自己的情绪体验，能有效地表达自己的想法；了解自己的角色、优势、劣势；尊重自己，也尊重别人，视别人为独立的个体，避免刻板印象，真实地面对自己。保教人员的自我觉知、自我反省，有助于发现自己的价值，更深入地了解自己，反省自己的个性、行为、观

念中不利于和家长合作的特征，并试图调整或改变以突破障碍。自我觉知能力也能使保教人员愿意为家长创造让他们思考、陈述和表达自己价值观的机会，使双方能更好地互相了解和接纳，从而使保教人员相信自己有能力跟家长建立合作关系，并能从中体验到较高的自我效能。

3. 态度

保教人员是否与家长互相尊重，是否能取得家长的信任，是否能站在家长的角度考虑问题等，都取决于保教人员的态度，并且会影响到保教人员与家长之间的合作关系。保教人员要态度真诚，并向家长展现自己对他们的尊重。教师希望家长信赖自己，相信自己的教育适合儿童，但这种信赖的培养需要努力和时间。这需要保教人员摈弃成见，保持真正开放的心胸；做事更周到、细心，更有亲和力；有同理心，了解家长的想法与感受，能接受家长有创意、有价值的建议等。

4. 沟通技巧

家园共育中的沟通时常会遇到各种问题：保教人员可能会害怕与家长交流，尤其是新教师，在面对家长时会"怯场"；可能会觉得家长以自我为中心，只关注自己的孩子，或者感觉家长不配合；可能会觉得没必要与家长沟通，家长本就会照顾、养育自己的孩子。但是事实上，沟通通常都是在托幼机构内进行的，这也给保教人员带来环境上的优势。因此，保教人员必须注意自己的态度和行为，主动采取行动，努力创造一个有利于对话的氛围，使家长乐于沟通。

（三）托幼机构

托幼机构的因素会影响家园合作共育的实现，如行政是否支持、形式是否便于家长参与、环境是否吸引家长参与等。

1. 行政支持

托幼机构的行政支持可以带动家庭参与课程方案，确保家长知道他们的参与是学前儿童教育工作必要的一部分。行政支持，如人员协助、报酬等也能给予教师力量，使教师愿意付出工作的时间与精力。多样化的形式安排有助于家长与教师间的沟通与合作。

2. 家长参与形式的多样化

托幼机构的家长参与方案应反映出对不同家庭的需求的了解与响应，允许家长选择何时、何处以及如何参与到托幼机构的活动中。参与时间的弹性安排增加了家长选择的多样性。提供多样的参与方法可以满足家长多层次的参与要求。

3."家庭友好型"的托幼机构环境

托幼机构的环境会向家长表示是否欢迎家长参与其中。托幼机构应尽量满足家庭的需要，建设"家庭友好型"的环境。例如，大门口有供家长等候的空间，可供家长接儿童的时候闲聊或休息；橱窗里有班级的相关信息，包括儿童的照片和作品、班级活动的照片、教师的信息、一日活动安排等，还有午餐和点心的食谱、育儿信息等。为了营造友善的环境，托幼机构可以在家长来园注册时，让家长填写两页简单的表格。内容包括家庭的照片、儿童的图画、口述文字，还可以包括儿童的其他信息。这样的流程会向家庭传递积极的信息，如欢迎他们的到来等。让家庭在儿童入园前就开始参与，有利于日后良好的家园关系及家长和教师合作关系的建立。

二、家庭与托幼机构合作共育中的存在问题分析

（一）家庭与托幼机构合作存在的主要问题

1.合作的意识不强

一些家长将教育儿童的任务指向托幼机构，忽视了自己对儿童的教育和指导，忽视了家庭教育的重要性，另一方面，托幼机构和家长双方忽视了家园合作对儿童、保育人员和家庭的意义和价值。

2.合作过程形式化

当前家园互动缺乏实效性，互动机制不健全，有的流于形式而无实质建设性成果。家长多是被动地参与，缺乏科学的教育理念。家园合作的效果不理想。

3.双方缺乏有效沟通

受传统教育观念的影响，合作中权利和地位关系不均等。托幼机构的教育一直高于家庭教育，缺乏平等的沟通和交流，导致家庭在合作共育中处于被动的地位，难以形成有效的教育影响。

（二）家庭与托幼机构合作共育中主要问题产生的原因分析

1.角色不同

由于角色不同，家长和教师通常对儿童的发展有不同的见解。由于亲子关系的存在，家长可能更偏袒、保护自己的孩子，对自己的孩子更关注，

有特殊的期待、目标和强烈的情感；而保教人员则更注重班级儿童的共性，会以社会化和国家规定的培养目标设定的广泛发展标准来评价儿童，因此对待儿童会有更广泛的职业热情和更多的理性。

对家长而言，似乎所有与儿童相关的事物及其行为表现，都是家长的责任，他们对儿童在托幼机构感到担忧，他们经常感觉教师在评价自己和自己所扮演的亲职角色，因此他们很容易感到自己的个人形象受到威胁，进而会下意识地避开这种威胁。这一特点使家长对保教人员的批评很敏感。例如，在教师讲到儿童的缺点时，家长会认为教师在暗示性地批评自己，从而会避开教师或采取防御机制，而不是听取教师的客观评价，并采取建设性的回应与互动。

对保教人员而言，虽然他们不需承担全部的责任，但也会将家长的质疑当成批评。家长的质疑，经常让保教人员感到自己没有尽责，进而采取防御性的回避反应。这种回避责任的方法，只会让家长更不信任保教人员。有些年轻的保教人员还会因为害怕自己的经验少或自己没有为人父母的经验，而不被家长接受。他们对自己的能力没有足够的自信，担心与家长沟通时，家长会发现他们的错误或不足，也担心"言多必失"。因此他们会不自觉地用行为和表情，隐性地提示家长他们的出现和意见不太受欢迎。

当家长心生防御时，他们会变得有敌意，可能攻击保教人员的专业知识与技能；而当保教人员心生防御时，他们会想隐藏于"专业"的面具之下，在家长面前，维护自己专业的形象，让家长不敢接近而回避沟通和合作。因此，保教人员在职业发展和专业发展的早期，与家长的关系可能会比较疏离。

2. 权力范围不同

每个人都会有权力意识，利用权力控制他人，通过分享自己的权力，与他人合作或沟通。家长认为他们应该拥有作决定或执行所有与儿童有关问题的权力。因为他们要抚养儿童，对儿童承担责任，并为儿童将来的发展负责。

但是，儿童进入托幼机构后，托幼机构才是儿童所接受的教育（课程或活动）的决定者，保教人员的权力范围在教室。所以，家长在托幼机构教室与保教人员讨论儿童的教育问题时，可能会没有安全感。如果教师固守自己的"势力范围"，以专家自居，就可能会引起家长的负面情绪。家长还会害怕他们所提出的问题或意见会激怒保教人员，而对自己的孩子不利。但事实上，相关研究表明，保教人员一般不会因为不认同家长的意见，而不喜欢或忽视他们的儿童，有时甚至会对这些儿童付出更多的关心，来改善家长的不悦。

保教人员和家长在儿童的发展中承担着不同的角色，双方都要对彼此的角色有清晰的界定。因此，家园合作成功的前提条件是：保教人员真诚地与家长分享权力，并且让家长感到在儿童教育上具有与保教人员平等的地位，让家长感到自己也能为班级建设作出贡献；同时家长和保教人员彼此都要界定好自己的角色，对儿童的成长不越俎代庖。

3. 信任程度不同

与儿童建立信任关系是支持儿童成长的第一步，建立家庭对保教人员的信任关系是家庭能否对托幼机构持有信心的关键。但是，在家园合作中，保教人员和家长都可能因为偏见或曲解而产生信任的问题。

一方面，保教人员对家长的看法会受社会刻板印象的影响。每个儿童的家庭背景不同。保教人员对与自己相似的人群比较了解，但对其他人群的生活形态、价值观和思考模式了解得不多，他们可能会根据家长的社会阶层、教育程度、经济状况、地域等，对家长形成一定的刻板印象。基于这些刻板印象而作出的假设，可能会使保教人员难以采取开放的态度去了解家长真正的个性和需要。

另一方面，家长对保教人员也会产生不信任感。家长会担心自己的孩子是否真正被保教人员接纳，很多家长都不确定在托幼机构中保教人员是怎样对待自己的孩子的。尤其是童年有痛苦的上学经历的家长，会不自觉地回避保教人员。这些家长容易在家园互动中感到不受尊重或被曲解。

如果保教人员不认同家长的生活形态，或只是因为家长的社会经济地位较低，便以想要帮助他们的态度接近他们，或是以高高在上的姿态与家长沟通，就很难建立平等的沟通关系。家长也会避免与那些态度、举止表现、沟通模式和期望与他们不同的保教人员接触。

（三）家庭与托幼机构合作共育中的沟通技巧

1. 学会倾听及解读

在沟通中，要通过对方的行为和反应来了解他们对沟通的感觉。不要急于对对方的陈述予以反应，也不要急于评价，应支持对方陈述他们的想

家园共育——
《保育师
（2021年版）》
（节选）

法，用"我们谈谈""我很好奇"等引发与对方的交流；用诸如"我刚才听到你说……"表示对对方的响应，并确认对他们的理解；用"请再次解释那个问题，好吗？"传达他们专注于对方的陈述或澄清问题；用"我明白了""是的""我同意"等强化对方的陈述并显示自己正在倾听。在讨论或座谈当中，须花上至少50%的时间倾听，通过开放的谈话获得更多的信息。

2. 注重非语言传递的信息

一些非语言的沟通行为会引起他人的防御，引发不舒服或不快的感觉。例如，模仿他人声调。言语错误或较快的说话速度则传达焦虑或不确定的信息。偶尔点头表示注意和同意，偶尔有肢体动作、视觉的接触等则可能传递"感兴趣"的信息。

3. 表达对儿童的关心

家长对有关于他们孩子的描述都非常敏感，保教人员在与家长的沟通中要表达对儿童的真正关心，这最能激发家长的积极回应和支持。

4. 避免容易引起心理防御的沟通风格

命令、警告、谴责、通知、质疑、说教等容易引起心理防御的沟通方式要尽量避免使用。保教人员要避免过多使用专业术语，如"认知""小肌肉活动能力"等，以免让家长产生距离感，造成疏离或畏惧。

5. 建立信任感

信任的建立可从两个方面考虑：一是家长相信自己和孩子能够被接纳与尊重；二是保教人员相信家长的观点和经验是有价值的。真诚、尊重可以让保教人员更努力地理解家庭的多元化，以开放的态度与家长沟通，赢得家长的接纳与信任。

总之，家长和保教人员之间的关系的形成过程，是将二者的内在经验、需要和反应与二者的外在环境相结合的复杂过程。每位家长对家庭参与合作共育的机会都有独特的反应。有时保教人员经过长时间的努力之后，仍可能毫无收获。但是保教人员与家长建立起来的开放、坦诚、亲密、非正式的友谊关系可能是长期的，甚至在儿童进入小学后，这种朋友关系也依旧会持续。这种关系对儿童的成长，包括对保教人员和家长的成长都会产生积极而深远的影响。从这一点来说，任何一方付出的努力都是值得的。

第三节 家庭与托幼机构合作共育的主要形式

一、家长会

（一）家长会概述

家长会就是以家长为主体的集会，是托幼机构常规家长工作的重要方式之一。托幼机构家长会的发起者可以是园长、年级组长，也可以是各班教师，他们面向全园、全年级或各班的家长发起会议，通常以面对面的形式对家长进行家庭教育的集体指导。家长会有助于托幼机构进一步了解学前儿童的情况，有助于家长全面了解托幼机构的活动，有助于家长育儿水平的提高，有助于加强家园之间的联系。

（二）家长会的类型

家长会根据不同的分类方式有多种分类结果。根据范围来分类，有全园家长会、年级家长会和班级家长会；根据时间来分类，有期初家长会、期中家长会、期末家长会等。下面根据家长会的功能将家长会分为几种类型。

1. 常规式家长会

常规式家长会是托幼机构中最常见的家长会形式，是每学期初根据各班次的计划时间召开的家长会。其内容主要是介绍对应年龄段学前儿童的特点、班级阶段的发展情况，本学期的主题活动安排，以及近期需要家长配合的事项。

2. 宣传式家长会

宣传式家长会不定期召开，主要内容是宣传托幼机构或班级的重要事项。通过家长会，向家长传达办园理念和特色、管理队伍和师资队伍的建设情况等。这类家长会的对象常为新入园儿童的家长，以求让家长对托幼机构更有信心。这类家长会可以针对一项或多项主题，形式以保教人员传达和讲述为主、家长提问为辅。

3. 咨询式家长会

咨询式家长会不定期召开，其特点在于邀请一位或多位在家庭教育方

面较为出色的家长来分享自己的经验，或邀请相关专家就某一个大家都感兴趣的话题来进行介绍。这一类的家长会主要是以咨询、讨论的方式进行。因为氛围较为轻松，互动较多，受到多数家长的欢迎。

4. 焦点问题式家长会

焦点问题式家长会的特点在于话题的集中性、内容的针对性以及对象的特定性。焦点问题式家长会的主题只有一个或两个，家长就这一到两个主题展开深入的学习和交流。内容的针对性导致对象的特定性，因为有些话题并不适合所有的家长，如特殊儿童方面的话题就没必要让班中所有的家长参与。

（三）家长会的组织流程

1. 准备环节

家长会的顺利举办，在很大程度上取决于会前的准备工作。主要事项如下。

（1）明确家长会的目的。家长会的举办总是为了达到一定的目的。把目的确定好了，才能选择具体内容。确定目的要考虑到儿童的表现、家长的需要、托幼机构的发展这几个因素，还要结合国家当下的相关政策和法规。

（2）确定家长会的内容。家长会的主体是家长，所以要从家长的角度去思考会议的内容，如家长想听什么、想知道什么、想讨论什么，一般可以通过家访、问卷调查、接送时的询问来获取有用的资讯。

（3）确定家长会的形式。这要考虑是采取讲座形式、论坛形式还是辩论赛等形式。形式要为内容服务，而不能为了形式而形式，要考虑什么样的形式能够把内容更好地呈现出来，进而达到活动的目的。

（4）确定家长会的时间。家长会时间的确定，要同时考虑到托幼机构和家长的工作安排，如邀请专家和嘉宾，还要考虑到他们的时间。总之，就是要选择一个举办方和参与方都方便的时间。

（5）确定家长会的流程。流程的合理确定与落实到位能够在很大程度上保证活动的顺利完成。一般来说，家长会流程以时间为顺序，涉及会议中发言的顺序、讨论的主题范围、会议的基本环节以及每个环节的时间设定和人员安排。一般来说，家长会的主要环节包含以下几方面：主持人欢迎家长到来；主持人向家长介绍今天的主题发言人，随后介绍到场的嘉宾及领导

（班级家长会一般不需要）；主持人邀请发言人进行主题发言；主持人鼓励家长自由发言，提出问题，共同探讨；主持人感谢主题发言人、嘉宾、领导及家长，并感谢全体家长的参与和分享。要注意的是，家长会的主题内容应该是与学前儿童教育与发展相关的话题，注重的是相互交流和探讨，尽量避免家长会成为一言堂或某个专家的宣讲会。

（6）准备发言稿。发言稿一般包括家长会的开场白、串场词和结束语。发言要准备充分，最好能做到脱稿，让家长感觉到亲切和自然。教师，特别是新手教师一定要认真准备发言稿，就如上课一般，要事先备好课。另外，在准备发言稿时，要设想到可能发生的意外和处理方法，还要预备与本场家长会相关的知识，回应家长可能的提问。

（7）发放通知。要提前将家长会的时间、地点、主题内容等通过多种渠道通知家长；同时，还要确定大致的赴会人数，以便做好场地和座位安排工作。

（8）布置会场。会场的布置，包括场地的确定、卫生的打扫、环境的布置、位置的安排、音响和课件的准备、车辆停放、现场签到、秩序维护、家长接待、会后整理等工作，一定要悉心安排，有专人负责，以保证家长会顺利进行。

2. 实施环节

实施环节就是按照既定流程一步步地完成。但要注意，我们无法预料是否有意外发生，所以要做好应变的准备，在准备阶段就做好预案。同时，要注意安排专人进行记录，根据需要采用音频、视频和纸质等记录方式。

3. 总结反思环节

家长会结束之后一定要进行总结和反思，班级内部能解决的问题就及时解决；班级内部不能解决的问题，需要上报给园里的须及时上报，要将结果及时向家长反馈；对未能及时解决的问题，要做好解释工作，让家长对托幼机构的发展保持信心。

二、家长接待活动

（一）家长接待活动概述

家长接待活动是托幼机构安排专门时间和场所，由托幼机构领导和班级保教人员接待家长的家园合作活动。它是托幼机构和家长近距离交流的一

种家园合作方式。接待家长活动的时间可固定、可灵活。家长接待活动有助于及时沟通问题，增进家园情感，及时更新教育观念。

（二）家长接待活动的实施

1. 入园接待活动的实施

（1）入园接待的主要内容。一是要细心观察。通过观察，保教人员可以了解儿童的身体状况和情绪，以对儿童当天生活进行调整，也可以避免与家长在离园接送中产生误会。有些家长可能在送儿童时并没有发现儿童的异样，如果晨间检查时保教人员能主动询问就可以避免误会产生。二是要检查物品。家长带儿童来园时，有时会带上教辅用具、已完成的手工作业、衣服等，对于这类东西保教人员要收放在指定位置；家长有时也会带来玩具甚至一些零食，对于这类物品在确定不会给儿童自身和他人带来不利因素的情况下，也要妥善收置；有些家长在儿童生病期间会带来药物，保教人员一定要做好登记甚至特别标注，并向家长确认服用方法和时间。三是要交流与沟通。保教人员的主动交流，可以让家长感到热情以及被尊重。交流的内容可以是了解儿童前一天晚上在家的表现，也可以是了解儿童在来园路上的情绪，或者询问家长儿童今天有没有特别要注意的地方等。除了主动交流外，还要做到耐心倾听与规劝解释，回答家长的疑问，认真对待家长提出的建议，传达正确的教育观点。同样，当家长对保教人员有所托的时候，基于有利于儿童身心发展的原则，保教人员应真诚地接受并认真做好。

（2）入园接待的具体要求。一是要注意礼仪。晨间入园接待时，保教人员要提前站在班级门口迎接，身体面向家长来的方向；接待家长时要积极主动，面带微笑，语调亲切平和；接待用语要注意规范，既体现出应有的素养，也给儿童树立一个好榜样。在沟通时，必要情况下应蹲下与儿童说话；碰到老人来送时，既要关照，也要尊重，如在教育教养问题上与老人观点不符，不必据理力争，可等机会与儿童的父母沟通。二是要配合班级要求。来园时间段人员繁多，班级保教人员要合理分工，通常是一位在门口迎接家长，一位在活动室陪伴先到来的儿童，还有一位在其间配合，随时补充。三是观察方面的要求。保教人员主要是观察儿童的情绪、衣着仪表及身体状况；对情绪不好的儿童，要注意询问原因并给予安慰；对于着装不符合天气的儿童，或头发不整齐的女孩子，应帮助调整；注意观察儿童的身上和脸上有无伤痕和虫咬痕，手和额头温度是否正常等。如果存在异常现象，应及时与家长沟通。

2. 离园接待活动的实施

（1）离园接待的主要内容。一是反馈。保教人员要让家长了解儿童当天在园的表现，包括儿童当天的学习、生活、交往等情况，以及向个别家长反馈他们入园时委托事项的完成情况等。二是交流。相对于入园接待，离园接待时家长的时间更为充裕。保教人员可以利用这一点，与近期存在突出问题的儿童的家长进行深入交谈，共同分析原因，进而制订解决策略。三是交代。向家长交代当天、第二天或近期需要家长配合的工作，如亲子作业、需携带的工具等。

（2）离园接待的具体要求。一是反馈要真实、高效。保教人员要以当天的真实观察情况为基础，要用简洁准确的话语描述相关问题，不随意闲谈；认真反馈家长委托事项的完成情况，让家长感受到重视。二是控制交流时间。交流的问题应该是儿童比较突出的问题，家长对离园交流的预期时间不长，过长的交谈会使家长失去耐心，降低沟通效果。三是交代要具体、简洁、明了。交代要使家长明确需要配合的事项。特别需要注意的是，若来接儿童的不是活动的直接完成者，还要通过其他方式另行传达活动要求。

3. 家长约谈活动的实施

（1）家长约谈的主要内容。这种约谈一般为与家长一对一的交流，约谈的发起者可能是保教人员，也可能是家长。一般来说，以保教人员对家长的约谈为多，主要内容包括针对家长的个别约谈、针对儿童的个别约谈，且以后者为多。针对家长的个别约谈主要涉及部分家长自身素质或教育理念的偏差，还可以涉及对托幼机构某个活动的理念和内容的解说，以求得家长对活动的支持，调动家长参与活动的积极性；针对儿童的个别约谈主要涉及儿童在园的学习和生活情况、儿童某一时间内表现出来的突出问题、儿童在托幼机构发生的意外等。个别约谈这种形式也会出现在家访、入园和离园接待时，但侧重点不同。家访更侧重教师对儿童家庭教育环境和方法的调查和访问，入离园接待因时间限制无法作深入展开，而家长约谈因与家长事先进行了预约，时间更为充裕，内容更为深入、有针对性。

（2）家长约谈的具体要求。一是选择恰当的谈话时间与地点。为了将话题充分展开，必须要选择双方都方便的时间，所以在约谈前必须约好时间；家长访谈涉及的问题都是个别儿童的问题，为了保护隐私，不应有不相关人在场，而且要选择安静的环境，以利于营造良好的谈话氛围，让双方情绪比较平和，便于问题的沟通与解决。二是儿童是否在场需视具体情况而定。这需要考虑问题的性质及家长的性格等因素，如果问题比较敏感，家长性格比较急躁，最好不要让儿童在场，以防儿童因家长当下的激烈反应产生不良情绪。在讨论儿童的行为问题时，可以让儿童在场，以便于及时与儿童沟通。三是做好材料准备工作。在与家长约定了交谈的时间和地点后，教师就应该根据约谈的主题，汇集、整理儿童的相关材料，从中提取有用的案例，以备交谈使用；如果是汇报儿童的发展情况，教师还应该收集儿童的活动作品、照片、录像等资料；如果是涉及教育理念的问题，教师在做好自我"备课"的同时，还要多查找相关的教育信息，必要时还要提前请教其他教师或领导。四是沟通时先报喜再报忧。在就儿童的问题与家长约谈时，要先说儿童表现好的方面，再切入主题。在谈论儿童的问题时，要注意客观叙述，避免批判性的词语。在交流的过程中，教师要向家长传达正确的儿童观，让教师和家长共同为儿童的发展而努力。五是以平等的身份与家长交谈。教师在与家长交流时，要避免使用"必须""应该""否则就会"这类命令性的词语，要尊重家长，虚心倾听家长的教育方法，对合理的地方给予赞同，对不合理的地方以商量和建议的口吻指出，态度要真诚而谦和。六是避免使用专业术语。过多专业术语的使用，会让家长难以理解，更不用说照着去做了。教师在交谈中，要把专业术语转换成通俗易懂的生活化的语言，并多用生动的事例去说明某些教育理念；教师在给予建议时，也要尽量具体化、可操作化，而不仅仅是理论层面的东西。

4. 园长接待活动

托幼机构可以定期开展"园长接待日"活动，家长在活动中可以就机构开展的各项工作对园长提出问题和建议。除活动当日的接待外，还可配合用"园长信箱""园长电子邮箱"等形式来完成。这样，园长接待活动就与离园接待、约谈活动共同构建了一个多向、多层次的沟通渠道，有助于及时发现家园双方交往中存在的问题，及时化解矛盾，增进沟通，促进家园共育。

三、家长开放日

家长开放日活动指托幼机构在特定的时间里向家长开放园内外的各种教育教学活动。它是托幼机构家长工作的一种常见形式，是家园沟通的一种重要形式。

（一）家长开放日的准备与实施

1. 家长开放日的准备

（1）全面统筹，制订周密计划。家长开放日活动是有计划的，这些计划主要是通过"自上而下"或"由下而上"等方式征求家长意见而制订出来的。在制订计划的过程中，班级保教人员起着主导作用，年级组长和园长则起着配合的作用。但不论是计划制订的主角还是配角，在制订计划的过程中都必须全面考虑儿童的年龄特点、心理特点、接受能力等。例如，对于小班，家长更想了解孩子在机构内的生活；对于大班，家长更想了解如何帮助孩子做好入小学的准备。如果没有计划，让不同班级的家长都参加同样主题的活动，意义就不大了。随着儿童年龄的增长，家长的要求会发生变化，也要计划不同的活动主题。

（2）明确人员责任与要求，确定各项活动细则。每个家长开放日的活动目的、内容、形式不同，对环境要求也不同，但是总体要符合托幼机构的管理理念以及家长和儿童的需求。举办家长开放日要提前准备，这主要包括确定活动场地、布置开放日的环境、准备活动需要的器材、准备多媒体设备、制作及发放家长开放日的通知等，并且要将每项准备工作尽早落实到人，将活动具体化、明确化。

（3）及早通知家长活动安排，给予家长充足的准备时间。活动安排必须尽早告诉家长，因为大多数家长可能因为工作安排需要请假参加。如果活动需要家长的配合，更应提前通知，给家长留足准备的时间。家长活动日的告知方式大多是通知，如给家长一封信、温馨提示等。而通知中所用的词语尽可能是"家长"而不是"父母"，否则会减少其他家庭成员的参与。通知还要让家长感觉到亲切、温暖，如可以在家长前面添加"尊敬的"或"亲爱的"等字样，把通知改成邀请能让家长感到受欢迎。在活动的安排上，也要做到告知家长具体的活动流程，以免造成家长不知活动环节，不知如何配合，造成现场秩序的混乱。

2. 家长开放日的实施

班级向家长开放活动的频率大多为每学期 1 次，每次多为上午半天；活动场地一般以班级教室为主，园内其他场所为辅；活动主要由班级中的保教人员组织，家长起辅助作用。在实施的过程中应注意以下几个问题。

（1）安全问题。家长的到来会造成班内人数的成倍增加，同时也会让儿童激动、兴奋，甚至不听安排。所以，要把准备工作做好，将活动流程提前告知家长，请求家长积极配合，以保证活动中儿童的安全。

（2）鼓励家长积极参与。可适当奖励家长在开放日活动中表现出来的各种良好行为，以强化家长合作的积极性、主动性、创造性。

（3）保教人员要保持情绪稳定。家长的到来会给儿童带来情绪上的兴奋，儿童容易出现违反活动规则的行为。但不论儿童多么调皮、激动、不受控制，保教人员都应沉着冷静，积极应对儿童的情绪失控，理性智慧地加以处理，避免儿童或家长进一步的情绪失控或者不满。在活动结束后，保教人员要对家长表达真诚的感谢，以便进一步得到家长对工作的支持。

（二）家长开放日的主要问题及解决思路

1. 家长开放日的主要问题

（1）流于形式，实无参与。班级开放活动往往由托幼机构唱主角，从活动形式确定到活动内容选择、时间安排等，家长处于被动的地位，从而忽视了家长的参与，特别是忽视了引导家长共同观察、了解、研究儿童的过程。

（2）表面热闹，远离宗旨。开放活动前，家长对活动的目标、内容、形式不清楚，活动时只看表面现象，不能配合托幼机构有目的、有计划地去指导和参与儿童的活动，更谈不上对托幼机构整体教育的了解和配合，活动表面上热闹，实际上家长是无目的地参与，达不到活动的目标。

（3）集体活动，缺乏针对性。家长开放日未能考虑到家长的个体需要。开放时间固定。家长到园后，活动空间拥挤，保教人员难以一对一地与家长交流。如果家长正好有事，往往只能放弃活动。

（4）管理难度增加。开放日活动前托幼机构都会精心准备，可活动时的物品、环境常会被家长和儿童弄乱，有些家长对要求不予理睬，只顾指挥自己的孩子，甚至会介入儿童之间的矛盾，导致很多平时能够正常解决的问题变得更难解决。此外，由于儿童平时在家或在班里见的人少，而家长开放日时人员较多，儿童就显得比平时活跃、情绪兴奋或因为急于表现而发脾气、更调皮等。

2. 家长开放日主要问题的解决思路

（1）保教人员要提高认识。保教人员应认识到，家长是参与开放日活动的主体，家长开放日应成为家长直接参与、保教人员主动引导的双边活动；家长开放日应成为促进保教人员素质提高的手段；家长开放日应成为感受和指导家长教育行为的良好途径。

（2）结合家长实际开展。保教人员要结合家长实际，确定开放日的时间，增加开放的频率。家园对儿童教育的要求总体上有不一致，托幼机构要定期对家长开放，使家长能亲眼看到儿童在园的生活、活动及表现，以消除儿童在家庭和机构内表现不同的情况。此外，活动日要有效解决活动空间不足的问题，如将统一时间的活动，改为由各班灵活安排，使家长能根据需要加以选择，这既能方便家长参与，也能减少每次活动的人数，提高活动的实效性。可以借鉴国外的经验，建立家长随访制度，使家长感受到他们参与活动的主体作用。

（3）对活动进行整体布局。保教人员要考虑儿童的年龄特点，全面规划家长开放日活动；托幼机构要系统地安排家长开放日活动，如根据小班儿童生活自理能力较差的特点，来安排动手能力汇报，让家长了解儿童的生活活动能力；根据大班儿童在第一学期时已掌握一定的运动技能的情况，组织亲子同乐运动会，让家长了解儿童的动作发展水平；根据大班儿童在第二学期时在园生活即将结束的情况，来安排毕业汇报活动，让家长了解儿童知识、能力发展的总体情况。

（4）了解家长的基本情况及活动需求。保教人员应了解家长的教育观点、职业专长、兴趣爱好、学习类型，有的放矢地组织活动，如在儿童入园时可以请家长填写职业、兴趣、特长，愿意给儿童组织什么样的活动等，然后利用各种与家长交流的机会，全面听取家长对开放日活动的意见。

（5）引导家长正确参与活动。保教人员应对家长进行具体的指导和帮助，使家长明确参加开放日活动的目的、内容和方法。保教人员要有目的地与家长事先沟通，指导家长具体观察儿童的哪些方面、如何看待儿童的表现以及如何评价儿童。在开放日活动前，可请部分感兴趣的家长和本班

教师、执教者一起研讨本次活动的目的、内容、组织形式，活动所需的教具、学具和材料，制定活动方案；在活动中，要注意引导家长根据活动目标，对儿童进行适时指导。保教人员应把重点放在指导家长如何观察儿童，同时提醒家长不要干扰正常的教育教学活动和儿童的各项活动，以了解儿童的发展水平、优势、不足，了解常规的教育方法，以便在家里配合地进行教育。

（6）鼓励家长积极参与活动。家长开放日活动的方式应多种多样，保教人员应组织灵活多样的活动，提高家长的参与性。例如，可以邀请家长适当地参与教育活动，以加深家长的体验感；可以组织面向全班家长的开放日活动，也可以组织面向部分家长或个别家长的开放日活动；可要求每位家长持续观察儿童的活动，并布置一些需要亲子合作才能完成的任务。

（7）对活动情况进行总结反思。保教人员要鼓励家长对开放日活动进行评论，及时记录家长的建议，或直接进行交流；在活动结束以后，要重视家长的建议并进行分析处理，吸纳好的建议，消除误解偏见，研讨疑难问题，要感谢家长对工作的大力支持。这更有利于家园合作共育。

四、家园联系手册

（一）家园联系手册的内容

家园联系手册
内容举例

家园联系手册是托幼机构采用书面通信方式与家长保持联系，相互交流儿童在家、在园的表现，交换对儿童的评价，征求家长的意见、建议，共同商讨教育儿童的形式。家园联系手册的主体内容和重点内容分别如下。

1. 家园联系手册的主体内容

家园联系手册的主体内容包括儿童在家园两个教育环境中的活动记录和发展评价，主要包括儿童进餐（点心）的情况、睡眠、交往、活动、情绪表达等，这些内容大多是带有三级或者五级格式的评价。家园联系手册也有需要家长和保教人员进行文字描述的填写内容，如"家长说说""教师说说"。保教人员根据儿童的情况做好各个项目的登记工作。家园联系手册还可以根据不同年龄阶段儿童的活动特点和各个领域的发展目标来列出记录项目，然后根据儿童的表现，进行相关内容的评定。

2. 家园联系手册的重点内容

家园联系手册可以根据儿童的具体情况，记录一些重要内容，如儿童的睡眠困难、不良饮食习惯、爱哭闹等问题。保教人员对这些儿童的行为要重点观察，作重点记录。同时注意，在记录儿童的一些需要改变的行为时，保教人员应该在充分肯定儿童优点的基础上提建议，以便家长接受。儿童的行为变化也是重点记录的内容，没有太大变化的表现则可以不记录。另外，手册里还要记录教育对策，对家庭教育的建议等。保教人员要及时和家长联系，了解儿童出现该问题的原因，共商解决问题的策略。

（二）家园联系手册应用的注意事项

1. 填写要规范

家园联系手册的填写规范主要包括书写规范、字迹工整，能真实、全面而且准确反映儿童的个性发展特征，描述的问题要客观，对儿童的评价要以鼓励性语言为主。家园双方填写意见和建议的时候，都要采取友好、平等、协商的态度来进行。同时，保教人员要指导家长填写，要求家长真实记录儿童在家的活动相关，不要因为担心"家丑外扬"而刻意隐瞒，也不要因为过于担心儿童的问题而过度渲染。家长要对家园联系手册卡中记录的现象、提出的问题和建议作出反馈，也可以在其中提出自己的教育困惑和需求。这样，家园联系手册才能发挥最大的作用。

2. 记录和交流要及时

家园联系手册的内容较多，所以保教人员要做到每天及时记录，保证周末时能够把手册交到家长手中；要叮嘱家长，周末时候填写好相关反馈信息，在周一时按时交还。如有需要，家园之间也可通过手册及时交流，而不必等到周末。

◎ 小贴士

　　家园联系手册设计得好坏直接关系到其使用效果。家园联系手册可以设计得更细致一些，让家园双方对需要记录、有记录意义的内容心中有数；可以根据本园具体情况，制作活动卡片，添加特色内容；可以通过手册传达本园的教育理念和园本文化，使家园交流更具深刻性。

3. 适当展示手册内容

有些家长对家园联系手册写得特别用心，他们会详细记下儿童在家的表

现。托幼机构可以展示出来，供其他家长参考。同时，对于一些回答家长问题有特色的手册可以在全园大会等情况下进行展示，供保教人员之间互相学习。另外，保教人员在儿童毕业时，可以将其所有的家园联系手册汇集成册，做成儿童的成长档案，给儿童和家长留作纪念。

（三）家园联系手册的不足

1. 填写工作量相对较大

常见的家园联系手册对儿童情况的记录是定量评价和定性评价相结合的。在定量评价中，只需根据观察到的儿童发展情况，在相应的表格内做上记号就可以了。但因为定量评价缺乏具体性，比较笼统和抽象，所以还需要定性评价进行补充。在定性评价中，需要以文字的形式描述儿童的表现。但因为家园联系手册一般一周交换一次，所以填写的量大，频率也较高，特别是对于托幼机构来说。这会使家园双方感觉麻烦，在填写时形式化，从而导致手册内容质量不高。

2. 有效信息不易读取

在阅读家园联系手册时会存在这样的问题：有的家长抱怨手册内容过于简单，他们无法从中获取足够的信息；而有些保教人员会觉得，家长并没有认真对待自己提出的问题并与之协商解决，自己的付出没有得到重视。其焦点在于双方从中获取的有效信息偏少，原因主要是：双方都没有重视家园联系手册的价值，未认真填写，使得手册能够让对方获得的有效信息偏少；家园联系手册的设计不够合理，即使填写完整，也无法让对方获得足够的有效信息。

五、亲子活动

（一）亲子活动的类型

在家庭日常生活中，家长和儿童共同参与和完成的活动，就是亲子活动，如家长和儿童共同读书、共同绘画、共同游戏等。当然，这里的亲子活动是指托幼机构中的亲子活动。托幼机构亲子活动的形式有多种，一般可分为亲子郊游、亲子运动会，以及围绕既定主题开展的、围绕各类节日开展的其他亲子活动等。

1. 亲子郊游

一般来说，托幼机构会组织春季和秋季的郊游活动，邀请家长和儿童一同外出游玩。亲子郊游不是单纯的游玩，在游玩中会组织活动，沿途设置一些任务让家长和儿童共同完成。在休息地也可以组织一些集体活动，让所有家长和儿童都能参与。但在出发前一定要做好安全教育，在活动中要注意安全防范。

2. 亲子游戏

亲子游戏是儿童非常喜欢的亲子活动。在游戏中，儿童可以更好地释放自我，家长与儿童在一起可以感受游戏中的快乐，享受美好的亲子时光。亲子游戏的种类非常多，通常要根据儿童的年龄特点进行选择。除了一般的亲子游戏外，还可以举行亲子运动会，让儿童在运动中磨炼意志，并感受亲子活动带来的快乐。

3. 围绕既定主题开展的亲子活动

围绕既定主题开展的亲子活动，内容的选择更具针对性。例如，以"爸爸本领大"为主题开展的父亲与儿童一起做科学实验的活动，能让儿童增长知识，加强亲子关系；以"爱心义卖"为主题的亲子活动，能让儿童在家长的陪伴下，锻炼社交能力，增强团队意识。

4. 围绕各类节日开展的亲子活动

在节日时组织家长和儿童进行亲子活动非常有意义。通过举行活动，不但可以让儿童了解节日的来历，还可以让儿童学习一些特殊的节日知识。例如，在妇女节、植树节、劳动节、儿童节、端午节、中秋节、重阳节、元宵节等节日中，都可以组织相应的亲子活动。

 对点案例

中班包饺子亲子活动方案

活动主题：元旦包饺子亲子活动

活动目标：

1. 通过开展包饺子的亲子活动，让幼儿了解饺子文化，产生包饺子的兴趣，体验劳动的快乐，增进亲子间的感情，营造过新年的热闹和快乐气氛。

2.通过活动锻炼幼儿的生活能力和动手能力，同时培养爱劳动的好习惯。

3.通过活动让保育人员和家长进一步了解幼儿，加深家园情、师生情、亲子情。

活动准备：肉馅、汤匙、盛放饺子的托盘、一次性桌布、箩筐

活动地点：教室

活动流程：

1.下午5:00前家长到场签到。

2.班主任讲话，欢迎各位家长来参加这次的活动。（尊敬的各位家长，大家好！新的钟声，新的一年，新的祝福，新的期待。当小树又增加一个年轮，当春天又拥抱着大地，当冬天又露出灿烂的笑脸，时间老人领着我们又敲响了时间的大门。新的一年即将来临，为了让孩子们度过一个有意义的新年，特举行庆元旦亲子联欢活动。首先非常感谢各位家长在百忙之中来参加我们今天的亲子活动，谢谢你们对我们工作的支持。）

3.向幼儿介绍"包饺子"活动。（新年到了，"吃饺子"是我们的传统习俗，通过包饺子亲子活动，能让我们感受到节日的温暖，并能弘扬我国的传统饮食文化。我们先欣赏包饺子的过程：将饺子馅放入皮中央，如果是第一次包的话，记住别放太多馅，然后先捏中间，再捏两边，最后由中间向两边将饺子皮边缘挤一下，这样饺子下锅煮的时候就不会漏了，最后将饺子整齐地放在托盘上面。希望小朋友和家长都能齐心协力一起做出饺子。可以出示不同造型的饺子供参考。）

4.因地制宜，安排好幼儿和家长的座位。

5.家长、幼儿、教师随着音乐一起包饺子。注意事项：包饺子前家长带幼儿洗手，在制作的过程中注意卫生。

6.大家一起吃饺子。

7.场地整理以及自由洗手。

（二）亲子活动的组织与实施

1.准备环节

亲子活动的准备环节与家长会的准备环节相似，都要从活动目的、内

容、时间、地点、形式、流程、通知发放与场地布置几个方面来考虑。但要注意的是，因为亲子活动需要家长配合的地方较多，所以最好提前开一个活动动员会，或者通过多种渠道向家长介绍本次活动，以取得家长的支持。特别要指出的是，亲子活动的准备要充分利用家长资源，因此，可以邀请家长参与活动策划，并安排家长作为活动中某个环节的工作人员。如此既能迎合家长的需求，也能增强家长的参与意识，提高家长参与的积极性。

2. 实施环节

在活动的实施环节，除了按既定流程完成活动的项目外，还需注意对家长进行合理引导，发挥家长在活动中的作用。在亲子活动特别是亲子游戏中，有些家长会有包办代替的行为，这会打击儿童的积极性，压制儿童的创造性，亲子活动也就失去了其意义。在实施时具体要求如下。

（1）活动前给儿童充分表达的机会。一些家长认为儿童小，所以包办代替，这是家长不信任儿童的一种表现。儿童年龄虽小，但也有自己独特的想法，而且有些想法会非常具有创意。保教人员要指导家长意识到儿童的独立性，指导家长尊重儿童的想法，多倾听，而不是把自己的意愿强加在儿童的身上。

（2）明确规则并严格执行。亲子游戏多以锻炼儿童的能力为主，确定好游戏规则，就可以避免家长只为图快而出现包办代替的可能性。同时，在游戏过程中还要进行监督，发现违规行为，必须对违规者作出一定处罚，逐渐使儿童建立规则意识，减少家长的包办行为。

（3）适时提醒，启迪儿童思想。有时儿童能很快地掌握一些技能，保教人员应通过引导，让家长意识到儿童的能力，给予儿童练习的机会，使儿童在自主的操作中探索创新方法、锻炼技能，在儿童很难进行或者经过多次尝试后求助时，家长再给予适当的帮助。

3. 总结反思环节

亲子互动的总结反思环节与家长会的总结反思环节相似。特别要提及的是，"亲子作品展览交流会"也是总结反思环节中值得选择的一种方式。亲子活动丰富多彩，儿童的作品也各有特点，可以把这些作品展示出来，并请他们进行介绍，一方面可以锻炼儿童的语言表达能力，另一方面可以让家长感受儿童的能力，与儿童共享创作过程及创作成果的快乐。

六、家长志愿者

家长志愿者是家长根据自己的专业与兴趣爱好，在时间允许的情况下，以志愿者的身份参与到托幼机构的一日活动中的一种方式。

家长志愿者可以是为儿童提供某项服务，也可以起到辅助或补充托幼机构教学活动的作用。家长进课堂是家长志愿者的主要形式之一，是托幼机构依据具体的教育需要和家长的职业特点、个人爱好等，把家长作为特邀嘉宾请到机构内，参与到教育活动之中的方式，家长直接作为托幼机构教育活动的参与者甚至是组织者、重要信息和能力的提供者与展示者。

不同文化背景与职业背景的家长能够根据自己的专业、特长，自愿走进机构与教师一起组织教育活动，为学前儿童的发展提供支持与协助，具有重要的教育价值，有助于促进学前儿童的发展，有助于达成家园教育共识，有助于增进亲子感情。

家长消防员

中二班请来了钟豆豆的爸爸当老师。豆豆爸爸是一名消防员。他戴着安全帽、提着灭火器、穿着消防服出现时，班上就热闹了，孩子们看见帅气的消防员叔叔，一下子就被吸引过去。豆豆爸爸向大家讲了自己与同事现场救火的故事，讲了孩子们在生活中如果遇到火灾如何安全保护自己，也讲了生活中防火的小知识。钟豆豆不仅充当了爸爸的小助手，回答小朋友的问题，还主动将自己知道的知识告诉了大家。通过这次活动，许多孩子对消防车、防火知识有了了解，也对自己长大了当消防员有了憧憬。特别是钟豆豆小朋友，之前性格比较内向，不喜欢与人交流，这次活动后，他积极发言，愿意帮助小朋友，在班上有了更多的好朋友。

七、家访

（一）家访的类型

家访是托幼机构通过面对面的形式与每个学前儿童家庭进行个别交流的

一种重要形式。根据家访的目的，可以将家访分为以下两种类型。

1. 常规式家访

常规式家访的主要访问对象是即将入园的新生或要插班的新生及其家庭。家访的时间一般比较固定，通常是在新学期开学前。

2. 焦点问题式家访

焦点问题式家访面对的主要对象是已经进入托幼机构学习的老生及其家庭。家访的时间一般不固定，是根据个别学前儿童或家园共育中的某些特殊问题进行的个别家访。例如，学前儿童家庭发生意外事故后，需要给予安慰和协助时；学前儿童在一段时间内突然表现出行为异常等问题，如在持续一段时间不愿吃饭睡觉或长期缺勤，需要了解原因时。

 **对点案例**

意外事件家访

崔老师班上的一个孩子在上厕所时不小心摔倒了，头上磕破了点儿皮，当班教师立即送孩子到医务室进行了伤口处理。而当时，崔老师正在外面开会。开完会，她了解清楚情况后立马去做了家访，夜里很晚才回到家。

有老师向她请教："家访要占用很多业余时间，还要面对家长的激动情绪，这种家访是不是很难做？"崔老师解释说："现在家访工作开展得并不多，但必要的时候进行家访有利于增强家园沟通的效果，可以化解很多矛盾。就像这次，摔倒的孩子在家里是三代单传，爷爷对孙子照料得很细致，在看到孩子受伤后，情绪激动是可以理解的，我去家访主要考虑的还是顺顺当当地把班级工作做好，关心一下孩子，重点是安抚好老人的情绪，同时说明咱以后的工作要做得更好。"

（二）家访的实施过程

1. 常规家访

（1）准备工作。①根据入园登记表了解儿童和家长的有关信息，包括儿童的身体情况、生活习惯、兴趣爱好、个性特点等，对特殊信息如单亲、有生理缺陷等情况也要特别关注，对家长辅助说明的有关事项要了解清楚。

一般来说，入园登记表由家长自行填写，并于开学前提交。②提前几天和家长确定家访的时间、地点，并简单告知家长家访的目的，让家长将此事提前告诉儿童，让儿童有心理准备，缓解儿童的紧张感，不必强求在儿童家中见面。③家访前要做的物资准备包括入园指导手册、开学所需物品清单、接送卡、家访记录本、儿童基本情况调查表、提问大纲等材料，也可提前准备一些送给儿童的小礼物。④家访时的着装应大方得体，整洁自然，不求新求异，可适当化些淡妆，显得精神饱满，要给家长以平易近人、有亲和力的整体印象。⑤为了能够高效完成并且保证充足的谈话时间，家访者必须提前确定切实可行的家访路线。一般来说家访的时间不宜超过40分钟，也不要少于20分钟。⑥确定家访的人员，一般来说，可以由两位人员共同进行家访，一位主要负责沟通，另一位主要负责记录。

（2）过程中的沟通。家访沟通时应遵循倾听、记录和微笑原则。谈话内容尽量围绕大纲进行，以保证家访的内容紧扣主题，也可以打破新进教师无话可说的境况，确保家访的有效性。一般来说，沟通内容包含两个方面：一是儿童的基本情况，包括身体健康状况、性格特征、自理能力；二是给家长的建议，包括向家长介绍在新生入园阶段托幼机构所做的各项工作，向家长介绍办园理念；嘱咐家长要坚持送儿童入园，不要因其哭闹心软；建议家长有意识地培养儿童的生活自理能力，缩短其入园适应期；建议家长尽量让儿童的生活作息时间与托幼机构接轨；鼓励儿童多与社区中的同伴交往，不要用上托幼机构来吓唬儿童，以免让儿童形成不愿去的心态；儿童因为刚入园的不适应可能会生病，请家长理性对待；建议家长避免在儿童面前评判保教人员的行为，以防影响师幼关系，有任何问题可与保教人员进行沟通。

（3）结束后的整理。一方面，要整理家访记录，形成小结。结合家访中了解和掌握的资料，对儿童进行分析评估，提出适宜的、个性化的教育措施，并把这些资料作为制订"班级计划""个案追踪"等的重要依据，以便今后的工作有的放矢。另一方面，要延续沟通渠道，开放交流平台，可以利用现代科技手段，开设班级 QQ 群、微信群、钉钉群等，或利用托幼机构网站上的"家长论坛""新生入园你问我答"等版面，架设起家园沟通的桥梁。

2. 焦点问题式家访

（1）准备工作。①分析原因。焦点问题式家访发起的原因大多是儿童在日常生活中突然和长时间出现了非正常的行为，因此需要细心观察，分析问题形成的原因，如果问题根源来自家庭，则需要进行家访。②要了解儿童和家长，对儿童以往的在园表现、学习习惯、兴趣爱好、同伴交往、个性、优缺点等全面掌握，认真分析其发展状况，深入研究可能导致异常行为产生的原因，制订家访的计划，并确定本次家访重点要解决的问题；因为家长的学历、个性、脾气、职业、学识阅历、育儿观念都不同，这导致他们对问题的认识以及对家访存在不同的态度，所以应多了解家长的相关信息，以便找到合适的沟通方法与家长交流。③要提前预约。和家长定好时间与地点，告知家访目的，争取家长的理解与配合。④要做好物品准备，如要填写的"焦点问题式家访记录表"、与儿童行为有关的理论书籍、儿童近期在园所做的不同领域的作品等，目的是让家长了解儿童的行为，能够家园配合解决问题。

（2）过程中的主要环节。开始环节：先与家长礼貌性地打招呼，接着询问儿童刚刚在做的活动，目的在于活跃气氛，清除家长的隔阂感与儿童的紧张感。中间环节：可以借助带去的儿童作品，以及儿童最近的行为表现记录，再次表明此次家访的目的，倾听家长对儿童在园所表现出的异常行为的想法和感受，引导家长针对儿童的问题说出自己的判断；观察儿童在家中的行为以及与家庭所有成员间的互动情况，寻找导致儿童异常行为的根源；运用专业知识，和家长共同分析原因、商讨对策，努力赢得家庭所有成员的支持。结束环节：向家长提出配合请求，对家长的教育要有信心，对儿童未来的改变要充满希望。

（3）家访结束后的整理工作。与常规式家访一样，焦点问题式家访中，要及时作好家访记录，结束后要作及时梳理和总结（可参考表4-1）。更重要的是，要持续跟进。当儿童有改变时，应记录并及时向家长反馈成效。

表4-1　老生家访情况记录表

家访时间		家访人员		家访对象		班级	
家访地址							
家访目的（突发性事件）							
效果分析及解决策略							

（三）家访的不足

家访工作是非常传统的家园联系形式，但与现今更为便捷的电话、QQ与微信等方式相比，因为家访既耗时又费力，而电子交流更为方便快捷；家长的家庭私密意识逐渐增强；托幼机构工作任务比以前更加繁琐；人们生活压力较大，难以分出更多精力来接受家访；一些家长请客吃饭的热情，也让家访进退两难。但传统面对面的家访形式具有电子交流不具备的优点，所以传统家访如果要继续，既需制度保障，也需改变和创新。

八、家长学校

家长学校是指为使家长树立正确的教育观念，学习与掌握科学的家庭教育知识与有效的教育方法，为学前儿童的健康发展营造良好的家庭教育环境，托幼机构在固定时间开办的讲座。其目的除了传递科学的家庭教育知识与方法外，还要让家长了解学前儿童的教育规律、园本课程、园纪园规，以及家庭教育的意义与作用，增强家长家庭教育的使命感与责任感。一般而言，家长学校的形式有两种，一种是每学期举办几次系统的针对所有家长的讲座，内容主要关于学前儿童发展、教养效能、亲子关系、家庭关系等；另一种是针对有特殊需要的家庭进行培训，如单亲家庭或学前儿童常年只与祖辈生活在一起的家庭。

托幼机构要计划周全，做好充足的准备：活动前要了解家长的需求以及班内儿童的特点等；在实施活动的过程中，要让家长能够站在儿童的角度进行思考，体验他们学习中的困难，从而改变家长的教育观念，使家长掌握科学的教育策略；活动结束后，注意收集家长的心得（可参考表4-2），及时反馈家长提出的未解决的问题，以保证下次活动更贴近家长的需要。

表4-2 培训反馈表

幼儿姓名		家长姓名		联系电话	
培训过程及内容					
本次培训的收获					
对本次培训是否满意	满意		良好		一般
其他建议或意见					

☑ **对点案例**

我园的家长学校

幼儿园的家长来自四面八方，是一个松散型的群体，教育观念参差不齐，受教育水平存在差异。如果家长没有科学的家庭育儿观念，将会影响幼儿身心全面发展。为此，我园开办幼儿园家长学校，先后制定了《家长学校章程》《家长学校管理制度》《家长学校主题活动开展制度》《优秀家长评选制度》等。

在家长学校开办前期，经过对家长教育需求的了解，我们发现了家长的教育困惑，所以，我们确定了家长学校的工作就是向家长宣传科学的育儿知识，转变家长陈旧的育儿理念，改变家长不当的育儿行为，加强与家庭的良好沟通，创建有利于儿童健康成长的良好氛围。

九、互联网＋教育

现代通信技术的发展以及网络技术的普及使得托幼机构与家长之间的沟

通渠道不再局限于原有的家长会、家访、开放日等传统形式。互联网沟通成为家园沟通的新载体，如托幼机构网站、电子邮件、QQ、微博、微信等，都日益成为家园共育的重要手段。

虽然网络沟通具有特殊的优势，但它并不是万能的，所以并不能完全取代传统的沟通方式。例如，网络沟通缺乏面对面交谈时的表情、动作和情境所传达的丰富含义。网络是一把双刃剑，在给家园共育带来便利的同时，也会有一定的负面影响。例如，长时间使用电子媒介，会对儿童的视力造成一定的影响。因此，托幼机构要根据工作需要，把传统沟通方式与互联网沟通方式有机结合起来，最大限度地发挥各种沟通方式的优势。

全园钉钉家长会

为了让家长能更好地了解幼儿园的工作，增进保教人员与家长之间的联系，让家长能够积极参与到幼儿的教育管理中来，更好地实现家园同步教育，萌动幼儿园于 2023 年 2 月 7 日 17:30 召开了全园家长会。

为了顺利开好家长会，保教人员精心准备会议内容，理论和实例相结合，有理有据。保教人员向家长详细地介绍了本学期的教育教学工作、班级保教工作重点、幼儿的年龄特征、班级情况，同时和家长共同学习了"双减"政策；请家长做好幼儿的榜样，为文明创城出力献策。保教人员还对家长进行了全方位的安全教育，特别要求家长积极配合幼儿园做好疾病防控工作：每日晨检、戴好口罩、不聚集……

本次家长会，全体家长全部进入钉钉会议参会，这也从侧面反映出每个家庭对孩子的关注。家庭是幼儿园的重要合作伙伴，家园共育能让幼儿茁壮成长。

第四节　对不同年龄儿童的家庭教育指导

一、胎教的家庭教育指导

学界普遍认为，胎教主要指孕妇通过自我调控身心的健康与欢愉，为胎儿提供良好的生存环境；也指给生长到一定时期的胎儿以合适的刺激，促使胎儿生长。胎教的方法主要如下。

（一）饮食胎教法

饮食胎教法是指根据妊娠早、中、晚三期胎儿发育的特点，合理指导孕妇获取七种营养素，即蛋白质、脂肪、碳水化合物（糖）、矿物质、维生素、水、纤维素，以健康饮食的方法来防止孕期特有的疾病。人的生命从受精卵开始到出生的发育成长全依赖于母体供应营养。虽然影响胎儿正常发育的因素是多方面和复杂的，但是孕妇适宜而平衡的营养对胎儿的健康发育起主要作用。胎儿出生后的饮食习惯，以及味觉、嗅觉都和在母体内母亲的饮食习惯有直接关系，而且个体的智力发育与胎儿期的营养息息相关。

（二）语言胎教法

语言胎教法是指使用优美的音调，以及文明、礼貌、富有感情的语言，对胎儿有目的地讲话，给胎儿的大脑新皮质输入最初的语言标记，为其后天的学习打下坚实的基础的一种方法。孕妇经常和胎儿对话，可以调节自身的情绪，有助于进入愉快、宁静的状态。胎儿不断接收语言信息，有利于大脑的生长发育。孕妇给胎儿念儿歌、唱童谣、讲故事，看有趣的绘本，这些都是语言胎教的有效形式。

（三）抚摩胎教法

抚摩胎教法是指用手轻轻抚摩胎儿或拍打胎儿，通过对胎儿形成触觉上的刺激，促进胎儿感觉神经和大脑发育的一种教育方法。孕妇对胎儿的抚摩，不仅能传达对胎儿的关爱，还能使孕妇自身处于身心放松的状态。

采用抚摩胎教法时的注意事项如下。第一，抚摩及按压时动作一定要轻柔，以免用力过度引起意外。第二，有的孕妇在怀孕中后期经常出现一阵

阵的腹壁变硬，即为不规则子宫收缩，此时不能进行抚摩胎教，以免引起早产。第三，孕妇如果有不良生产史，则不宜使用抚摩胎教。第四，开始抚摩时，有的胎儿能立即作出反应，有的则要过一阵才有反应。如果此时胎儿不愿意，他会表现为蹬腿反应，遇到这种情况时，应立刻停止；胎儿对抚摩手法习惯后，孕妇用手按压、抚摩，胎儿就会主动迎上去。

（四）音乐胎教法

音乐胎教法是指以音波刺激胎儿听觉器官的一种方法。音乐胎教大致可分为哼唱谐振法、欣赏音乐法、音乐灌输法和准妈妈教唱法。

对胎儿进行音乐胎教可以通过心理和生理这两个途径来实现。一是心理作用。音乐能使孕妇心旷神怡、浮想联翩，从而使其情绪达到最佳状态，并通过神经系统将这一信息传递给胎儿，使其深受感染。同时，安静、悠扬的音乐节奏可以给胎儿创造一个平静的环境，使他朦胧地意识到世界是多么和谐、多么美好。二是生理作用。悦耳动人的音乐能激起孕妇自主神经系统的活动，由于自主神经系统控制内分泌腺，使其内分泌激素分泌增多，这些激素经过血液循环进入胎盘，使胎盘的血液成分发生变化，有利于胎儿健康的化学成分增多，从而促进胎儿大脑发育，提前启动音乐智能。

（五）情绪胎教法

情绪胎教法是指通过创设温馨的氛围和环境，调节孕妇的情绪，帮助孕妇忘却不快和烦恼的一种方法。情绪胎教可以加深儿童出生后与父母的感情，有利于培养儿童健全的人格，提高儿童的情商。胎儿孕育在母体中，最早接触的声音就是孕妇的心跳和脉搏，胎儿能从中直接感受到母亲的喜怒哀乐。如果孕妇焦虑会使胎儿多动、易怒、好哭，孕妇孕早期紧张或恐惧不安会导致胎儿发生腭裂或引起早产，巨大的恐惧还可以导致死胎，或胎儿体重过轻。因此，控制情绪、保持心境平和应该是孕妇进行胎教的第一步。孕妇要避免孤独、精神紧张等不良刺激，要多在环境优美、空气新鲜处散步，适当进行户外运动等。另外，家人对孕妇的关心和体贴也显得格外重要。

（六）其他方法

关于胎教还有很多其他方法。例如，光照胎教法是指对胎儿进行光源刺激，以训练胎儿视觉能力的胎教法；呼唤胎教法是指父母轻声呼唤胎儿的名字，以此帮助胎儿和父母建立起友好关系的一种方法；联想胎教法是指孕妇利用和胎儿之间的意识、情绪的传递，通过对美好事物和意境的联想，将美好的情绪和体验暗示传递给胎儿的一种方法；美育胎教法是指根据胎儿意识的存在，通过孕妇美的感受而将美的感觉、意识传递给胎儿的方法；运动胎教法是指孕妇进行适宜的体育锻炼，促进胎儿大脑及肌肉的健康发育，有利于孕妇正常妊娠及顺利分娩的一种方法；环境胎教法是指为孕妇创设一种清新、愉快的环境的方法，包括创设整洁、卫生的物质环境和营造家庭成员之间互爱、互敬、互让、互勉的和谐氛围。

《蒙台梭利胎教新法》

二、对新生儿的家庭教育指导

新生儿是指出生至满月的婴儿。人们常常认为新生儿是无能的、被动的个体。现代科学研究证明，新生儿从出生之日起就具有主动探索外部世界的潜在能力，而且还具有相当惊人的反应和学习能力。新生儿的教育方法如下。

（一）视觉训练

眼睛能获得外界80%的信息，充分发挥这一方面的潜在能力，将有利于智力的发展。新生儿出生15小时就能区分母亲与其他女性的脸。他们对人的面孔很有兴趣，具有很强的美、丑辨别能力；喜欢色彩鲜艳、形状多样的东西，并会随之转移目光。若是让新生儿感觉到白天亮、晚上暗、开灯亮、关灯暗，就能刺激新生儿视觉的发展，并建立条件反射。

（二）听觉训练

新生儿的听觉与生俱来，对声音的来源很敏感，听到后会用眼睛去寻找，他们对声音有自己的喜好。例如，在听到比较尖锐的噪声时，他们会表现出烦躁的神态；用铃铛在他们耳边轻轻拨动，他们会转向铃声方向。家长要经常和他们讲话、唱歌，虽然他们听不懂，但听到父母的讲话声、歌声，他们会感到舒适、愉快；在喂奶时可以给他们放一些轻柔的音乐，以促进他们的听觉发育；声音、音调、节奏的变换能转移新生儿的烦躁不安，培养他们的语言感、音乐感和节奏感。

（三）触觉训练

婴儿抚触

新生儿的触觉很发达，当乳头触及他们的嘴边，他们会做出吮吸的动作。抚摸新生儿的皮肤，他们会露出舒适的微笑。新生儿一般都是通过嘴和手去触碰感知外界的刺激，因而早期触摸感觉的发育与长大后手的灵巧程度有很大的关系。"蜡烛包"（用小包被将新生儿包裹成蜡烛状）会束缚新生儿的手脚和身体，使他们不能自由活动。若是让新生儿睡在宽松的睡袋里，手脚和身体不受束缚，双手能从袖口中伸出触摸各种东西，手眼能协调一致活动，不断地探索，他们的学习潜力将进一步发展。另外，还可以给新生儿做按摩操。按摩活动不仅可以疏通新生儿的上肢和腹部的血液循环，而且还可以使新生儿在妈妈的轻轻抚摩下产生愉快的情绪。

（四）动作训练

在动作训练上，可以为新生儿提供被动刺激。例如，给新生儿做被动操，活动其躯干、手臂和双腿 2 ～ 3 分钟，可以锻炼其骨骼和肌肉。另外，家长可以将新生儿竖着抱起，使其头部靠在自己肩上，一只手保护宝宝的颈部和腰部，让其将头自然竖立片刻，每日进行 3 ～ 4 次，主要目的是锻炼新生儿的颈肌，以便能支持头部的重量。

（五）嗅觉和味觉训练

新生儿的嗅觉和味觉比较敏感，能分辨不同的气味，如闻到奶香气味，会将头转向奶瓶，如闻到刺鼻的气味就会转头避开。新生儿对母亲的气味尤其敏感。为增强其嗅觉、味觉的能力，可准备不同味道的液体，如清水、奶水，观察其喜好；准备不同气味的东西，如橘子、白醋等刺激其嗅觉。

（六）交往能力和模仿能力训练

新生儿出生后就会笑，这是"生理性的微笑"。在以后的个体发展中，他们会逐渐学会对人脸和玩具微笑，这时就产生了社会性需要，转变为"社会性微笑"。个体早期交往能力会在母亲的搂抱、爱抚、玩耍中得到发展。据研究，新生儿从两周起，就学会模仿母亲的面部表情，如模仿母亲伸舌头、张嘴等。因此，家庭应为新生儿创造良好的生活环境。

三、对 3 岁以下儿童的家庭教育指导

家庭是 3 岁以下儿童最主要的生活环境，此阶段家庭教育指导的主要内容、问题和策略如下。

（一）指导的主要内容

1. 指导家长为儿童创设良好的教育环境

（1）在物质环境方面，家长要关注儿童需求，为儿童提供适宜使用的生活用品、适宜活动的室内外场所、安全和寓教于乐的玩具，以及适宜的早期阅读环境，要消除环境中的危险性因素，防止儿童意外伤害发生。

（2）在精神环境方面，家长要意识到家庭关系对儿童健康的影响，营造温馨、和睦的家庭氛围，营造不同年龄家人互敬互爱的家庭氛围，建立良好的亲子关系，构建良好的邻里关系，帮助儿童形成良好的同伴关系；要积极发挥父亲的作用；祖辈要树立正确的教养理念，适度发挥参与的作用。

2. 指导家长培养儿童良好的生活习惯

（1）在饮食习惯上，要适当控制饮食，激发儿童积极进食的情绪，引导儿童按时进餐，能在固定座位上安静而专心地进餐，进餐时细嚼慢咽，养成乐于喝水的习惯，培养儿童饮食均衡的习惯，不迁就儿童的任性脾气。

（2）在睡眠习惯上，要培养儿童按时起居的习惯，白天要保证活动量和户外活动时长，要培养其独立睡眠的习惯，并注意纠正不良睡姿。

（3）在排便习惯上，要适时训练儿童大小便，提供适宜的坐便器，通过游戏培养儿童如厕的兴趣和信心，通过运用游戏锻炼儿童的排便能力。

（4）在卫生习惯方面，养成良好的生活卫生习惯，矫正吸吮手指的习惯。

（5）在运动锻炼方面，要重视儿童的运动锻炼，培养其运动锻炼的兴趣和正确的习惯，并选择适宜的运动项目，合理安排运动量。

（6）在收拾整理方面，放手让儿童自己收拾整理，激发儿童收拾整理的兴趣，给予儿童适时的示范和帮助，并尊重儿童的整洁观。

3. 指导家长培养儿童的良好个性

（1）关于快乐，家长要满足儿童的合理需求，使其获得基本的快乐；要与儿童做亲子游戏，使其在游戏中获得快乐；要鼓励儿童通过努力获得因成就感而带来的快乐；要培养儿童的抗挫能力，使其能保持乐观。

（2）关于独立性，家长在生活中不要包办代替，而要因势利导、循序渐进地培养儿童的独立能力，让儿童学会不打扰他人。

（3）关于自信心，家长要适度地表扬与批评，要用商量的口气引导儿童做事，要给儿童自己选择和作决定的机会，要为儿童提供展示自己成绩的空间，不要盲目地攀比儿童之间的能力。

（4）关于同情心与礼仪，家长要通过拟人故事、自我体验和实践养成等方法，培养儿童对他人的同情心；家长要言传身教，培养儿童的礼貌语言和行为，帮助儿童正确对待非礼的人，多用鼓励的方式为儿童指明言行目标。

4.指导家长开发儿童的潜能

（1）在认知能力培养方面，家长要为儿童提供丰富的认知环境、形象的认知途径，使儿童认识自己与他人的关系。

（2）在语言表达能力培养方面，家长要为儿童创设宽松愉快的语言交往环境，通过表情、肢体、语言等多种方式与儿童交流；提高自身语言表达素养，为儿童提供良好的言语示范；为儿童的语言学习提供丰富的机会，运用多种方法鼓励儿童表达；积极回应，鼓励儿童之间的模仿和交流。

（3）在人际交往能力培养方面，家长要为儿童提供与同伴交往的机会，重视父亲对发展儿童人际交往能力的作用，鼓励儿童自己解决同伴冲突，培养儿童关爱他人的意识。

（二）常见的问题

1.过度照顾、包办代替

不少家长把儿童作为家庭的中心，过多关注、溺爱儿童。不少家长非常重视对儿童教育的物质投入，而且全家上下都在尽可能满足儿童的需求。这种过度照顾和包办代替对儿童的健康成长非常不利。

2.片面追求教育结果，忽视儿童的心理特点和接受水平

有些家长缺乏科学的教育知识，跟风盲从，或出于自我感受和期望，将儿童送到各种"特长班"学习，甚至不惜代价地对儿童进行超前教育，而忽视儿童的心理特点和接受水平，这会挫伤儿童对学习的兴趣和积极性。

3.重智力开发，轻综合能力培养

日益提高的物质生活水平为儿童的营养、卫生、保健、医疗和生活环境改善创造了条件，家长对文化和教育的需要也相应提高，因而非常重视儿

童的智力开发。但是，片面重视智力开发，忽视身体素质、行为习惯、人际交往和良好品德的培养，不利于儿童的全面发展。

4. 家庭教养或行为不一致

由于现代社会家庭结构和家庭观念的变化，家长对儿童的教养态度不一致，宽严度不一；一些家长在管教方式上与老人存在分歧；一些家长言行不一或不注意自己的言行规范，对儿童的行为有不良导向。

（三）指导的主要策略

1. 指导家长树立正确的教养态度

（1）爱而不娇。儿童不具备独立生存和生活的能力，日常生活需要家长精心照料。在精神生活上，家长也需要给予儿童爱抚、温存、体贴，陪他们游戏。但是对于儿童的这种需求，家长不能一味地满足，对不合理的要求要进行限制，这也是爱，而且是理智的爱。因此指导家长在满足儿童的各种需求时，还要从长远出发，做到爱而不娇。

（2）循序渐进。家长要从儿童的实际状况出发，按照儿童成长和教育规律进行科学的教育，而不是随心所欲地进行过度教育；要引导家长了解儿童的心理特点，采取适合儿童接受的内容与方法，量力而行，逐步丰富儿童的生活经验，增强儿童的思维和操作能力，切忌操之过急、揠苗助长。

◎ 小贴士

　　法国教育家卢梭在其著作《爱弥儿》里有这样一句话："大自然希望儿童在成人以前，要像儿童的样子，如果我们打乱这个秩序，就会造成一些早熟的果实，它们长得既不丰满也不甜美，而且很快就会腐烂；我们将造就一些年纪轻轻的博士和老态龙钟的儿童。"

（3）全面而又个性化。家长要认识到，要使儿童在德、智、体、美、劳等方面得到全面发展，成长为一个身心健康、适应社会发展进而为社会作贡献的人才；全面发展的教育必须因材施教，使儿童在自己原有基础上，各个方面都得到不同程度的发展，最终实现全面发展，个性化发展。

（4）教养统一。家庭成员在教养态度、观念、方法和要求上的不一致，不利于儿童稳定个性的形成。因此，要指导家长注意保持家庭成员的教养态度一致、言行统一，这样家庭之间才能形成强有力的教育合力。

2. 指导家长掌握科学的教养方法

（1）尊重儿童，注重儿童的体验。教养儿童的一个重要特点就是尊重儿童的心理特点，让儿童在日常家庭生活中亲身体验，并感受到活动的乐趣。研究表明，儿童的知识来源并不是家长耳提面命传授的直接结果，而是他们主动积极地体验和建构的结果。因此，家长要理解并尊重儿童的心理特征和学习特点，避免枯燥说教和强行灌输，要让儿童在体验中进步。

（2）把握分寸，注重教养的界限。家长要善于把握教育的尺度，因为严格过了度，就会变成苛求；关爱过了度，就会变成溺爱；纪律要求过度，会束缚儿童的个性；平等过度，家长就容易没有威信。特别要注意，表扬和批评要适可而止。如果对儿童表扬过多，儿童就只喜欢听好话，排斥不同意见；如果对儿童批评过多，很少表扬，儿童就会丧失自信，不利于形成积极的自我意识。所以，家长要把表扬与批评相结合，培养儿童的自尊与自信，同时培养儿童接纳不同意见的心理承受能力。

（3）转移注意，选择合适的教育契机。儿童的需求有很多，有的合理，有的不合理。对不合理的要求，无原则地满足会惯出许多毛病；如果不满足，儿童可能又哭又闹，此时讲道理也无济于事。家长可用其他新的刺激对象或活动吸引儿童的注意力，但要避免空口承诺，等到事后再用浅显的语言讲道理，让儿童明白什么事情可以做、什么事情不可以做，逐渐树立规则意识。

四、幼儿园入园期的家庭教育指导

随着年龄的增长，3岁左右的儿童已经从一个弱小的个体发展到会走路，会与人简单地交谈，会初步进行游戏。这个年龄的儿童具备了进入幼儿园的能力和条件。幼儿园为儿童提供了丰富多彩的集体生活环境，儿童在这里可以积累许多经验，初步形成与人分享、合作、尊重他人等一些品质，有利于培养集体意识，形成合群、开朗的性格，促进儿童社会性发展，成为一个能够适应社会生活的人。因此，家长应及时送儿童进入幼儿园。

（一）入园前的家庭教育

儿童上幼儿园对家庭来说是件大事，父母要为儿童做好充分的准备。这个准备包括心理方面、生活自理能力方面，同时也包括作息时间方面的准备，做好这些方面的准备工作，有助于儿童顺利适应幼儿园的生活。

1. 为儿童选择合适的幼儿园

在为儿童选择幼儿园时，家长主要从以下几个方面考虑。

（1）有高素质的师资力量。优秀的幼儿教师一定都是学习过专业的课程，接受过专业的训练，而且必须对儿童有爱心、友善，有责任感。

（2）有内容丰富的课程安排。一日活动安排丰富多彩，动静交替，有充裕的课外活动时间。

（3）有优良的园内外环境。园内环境干净整洁，做到美化、绿化、儿童化，周围无污染、无噪声、无安全隐患。

（4）设施齐全，功能完善。教室宽敞、明亮。日常生活用品和学习娱乐用品齐全，玩具和体育设施质量较好，无危险。

2. 心理准备

带儿童到附近的幼儿园参观一下，在幼儿园的户外场地玩耍，告诉儿童这将是他要去的幼儿园，这里有很多玩具，老师会唱歌、跳舞和画画，还有很多小朋友可以一起玩，通过这种方式的交流，让儿童对幼儿园产生一个良好的印象，这样可以缓解儿童对陌生环境的焦虑感，从而容易适应幼儿园的生活环境。有的家长把幼儿园老师当"恶人"，如"再不听话告诉老师"等，会导致儿童反感幼儿园，恐惧老师，这种方法是不可取的。同时，要让儿童知道，送他上幼儿园并不是父母不要他了，以减少儿童的恐惧。另外，儿童入园，家长可能会更紧张，家长要避免将不良情绪影响到儿童，所以家长一定要先处理好自己的情绪。

3. 生活能力的准备

儿童进入幼儿园，很多事情就得由他自己去完成。例如，自己吃饭、喝水、穿脱衣物、如厕等，这些都需要父母提前对儿童进行培训和练习，为儿童入园后的独立生活扫清障碍。家长要多花点精力，养成儿童独立进餐的习惯，尽量让儿童不要挑食，尝试不同口味的食物；让儿童学会自己脱裤子大小便；培养儿童学会穿脱外套，给儿童穿的衣服、鞋子一定要舒适且方便穿脱；小女孩的头发最好扎得简洁些；培养儿童独立睡觉的能力，改掉抱着奶瓶睡觉等不良习惯；让儿童学会清楚地表达自己，教儿童学会请求帮助，能清楚、大胆地表达自己的情况，如要如厕、要喝水、肚子疼等。

4. 作息时间的准备

首先要提前了解所去幼儿园的作息时间。如果儿童日常不是按照幼儿

园的作息时间生活的，在入园前 2 ～ 3 个月要开始帮助儿童纠正作息时间，以与幼儿园作息时间相适应。例如，有些儿童在冬季时起床较晚，到幼儿园就更晚了，这会影响儿童一整天的学习活动；有些儿童还有中饭不好好吃、午觉不好好睡等情况，长期下去对儿童的身体健康不利。

（二）入园后的家庭教育

入园后的儿童更需要家长的关注，因为儿童的习惯形成需要反复实践和训练，所以，在儿童入园后家长还要讲究一些教育技巧。

1. 及时鼓励儿童在幼儿园的进步

当儿童在幼儿园取得了一点进步，如学会了一首歌、一支舞，家长应及时鼓励。鼓励的形式可以是送一个小礼品、给一句表扬等。通过这种方式，儿童会深刻体会到幼儿园生活给自己带来的成就感，因此会加深对幼儿园的情感。对不容易适应的儿童，家长应尽量避免问他是否适应的问题，以免儿童的记忆停留在不良的情绪体验中，这时家长应该将儿童的注意力转移到其他事情上。

2. 教给儿童一定的交往技巧

有些儿童会因为语言表达能力差、社交能力弱，没有学会与人相处的技巧，而可能突然不喜欢去幼儿园。因此，在平时，家长应教导儿童如何热情地邀请小朋友一起玩，如何与小朋友一起分享交往技巧。在家中家长要有意识地教儿童学会使用礼貌用语，如"请""谢谢""对不起"，大方地向别人问好等。儿童说话时，家长要教他清晰地表达自己的意愿。例如，当儿童想去厕所时，应该说"老师，我想去厕所。"这种完整句子，而不要让他用意义含糊的习惯语"厕厕"等代替。

3. 在儿童面前正确评价保教人员

在儿童培养方面，家长首先应该信任保教人员，才能与保教人员协同共育。刚入园的儿童，需要对保教人员产生一种心理上的安全感。保教人员在他们心目中的地位很重要，家长应该帮助维护保教人员的形象，然后私下再与保教人员交流儿童的表现和情绪。理智的家长在儿童面前总是维护保教人员的形象，而不是相反，更不会当着儿童的面议论、指责保教人员。

4. 积极参与幼儿园的共育活动

入园之初，家长要主动帮助保教人员全面了解儿童，介绍儿童的个性特点和生活习惯等，以使保教人员能更快地接近儿童，使儿童对保教人员产生依恋心理。儿童入园后，家长同样应该把儿童在家里的情绪、表现告诉保教人员，但不要当着儿童的面，这样既可以从保教人员那里获得指导方法，也有利于保教人员采取积极的措施来消除儿童的顾虑、不安，从而促进儿童的成长。家长可以利用接送儿童的时间，也可以通过家园联系手册与保教人员进行联系。此外幼儿园的各种活动，如六一儿童节活动、元旦活动，以及家长开放日等，家长要积极参加，以进一步了解幼儿园的教育和管理方法，了解儿童在集体生活中的各种表现。只有全面了解儿童，才能更好地配合幼儿园活动的开展，使合作共育取得最好效果。

五、幼小衔接期的家庭教育指导

从幼儿园走向小学，是 6 岁左右的儿童都要面临的过程，也是儿童身心发展的一次重大转折。小学的学习生活与托幼机构、家庭生活有很大的区别，儿童眼中的老师，由保育、教育兼备的呵护照顾型，变成了以教育为主的要求引导型；学习的方式也由幼儿园的游戏玩耍，变成了强制学习；行为规范增多，家长的期望增高，玩耍时间的减少等，都会给儿童带来压力。对儿童就读小学作知识准备固然必要，但知识准备并不是幼小衔接的重点或全部内容，家长更应为儿童在身心和社会性上适应小学做好准备。

◎小贴士

《教育部关于大力推进幼儿园与小学科学衔接的指导意见》提出幼儿园与小学科学衔接的基本原则为：坚持儿童为本、坚持双向衔接、坚持系统推进、坚持规范管理。

（一）做好心理准备

1. 让儿童认为进入小学很自豪

与儿童聊天时，家长要有意识地聊一聊小学生及学校的事情，告诉儿童上学的好处，如会有很多新朋友、学到更多新知识等；要多鼓励、赞赏儿童，让儿童从家长的口吻中，感受到成长的自豪，从而产生对小学生活的向往；利用儿童平时提出的一些问题进行引导，在给予解答时，强调小学及后期学习的重要性，使儿童对上学产生兴趣。

2. 减少儿童对新学校的恐惧感

提前带儿童到新学校参观、熟悉环境，让儿童认识上学的路线、新学校

的位置，还要告知儿童新学校的一些设施和活动场所，学生在教室上课的情况与课外活动的种种乐趣，逐步使儿童对新学校产生好感并熟悉环境；过度的担心会向儿童传递负面的信息，家长的心理暗示也会使儿童产生压力和负担，因此不要将负面情绪传递给儿童，避免儿童产生恐惧感和厌倦感。

（二）作好学习准备

1.培养儿童的学习习惯

儿童在幼儿园以玩为主，到了小学就转变为以学为主。刚上小学，儿童对学习会充满渴望，对发给他的书本也会感到新奇，对课堂上的学习也会兴味盎然。家长应抓住儿童的这种新鲜感，强化儿童的求知欲，尽量在家中为儿童提供丰富多彩的学习内容，如给儿童安排一定的学习时间、要求先做作业再去玩，并为儿童提供一个安静的学习场所，让儿童专心致志地做作业，并制定一个时间表，培养儿童的时间观念。

2.培养儿童的学习兴趣

爱玩是儿童的天性。家长不必为此惊慌，而是要想办法把玩与学习兴趣联系起来，也就是说为儿童设计一些简单的活动，在活动中帮助儿童发现问题、激发兴趣，如儿童不肯看书，可以找几个小朋友到家里与儿童一起看。学习形式多种多样，吃饭时可以从餐具入手，认识餐具名称；去公园游玩时，教儿童认识各种植物，让儿童学得轻松、有趣。

对点案例

家长关于孩子升小学的担心

进入大班以来，家长们最担心的事便是孩子升小学的问题。针对家长朋友们的困惑，幼儿园李园长针对大班家长学校的成员，以"幼小衔接怎么做"为主题开展专题讲座，结合多个案例和亲身经历，就入学准备问题，提出了"身体健康能自理、学习能力有基础、乐观自信会生活、自控能力有意识"等四个方面的准备内容。同时针对幼儿园阶段要不要学习书写的问题，李园长提出了幼儿园语言学习的核心经验，为家长详细地解读了"前阅读、前书写、前识字"的重要性，帮助家长朋友们更好地了解儿童的发展规律和学习特点，解决升小学准备的焦虑问题。

第五节　对特殊类型儿童的家庭教育指导

一、对单亲家庭儿童的家庭教育指导

单亲家庭，多称为离异家庭，是因夫妻离婚而形成的不完整的家庭。除离异家庭外，还有父母一方亡故或双亡的缺损家庭，以及夫妻虽然没有离婚，但是长时间不在一起生活的留守女方（男方）家庭，以及父母因为工作关系，家庭中长期缺少夫妻一方的家庭。这些只有一方教养儿童的家庭实际上都对儿童的家庭教育带来了与离异家庭类似的影响，在此归于一类问题进行讨论。

（一）单亲家庭教育的主要特点及对儿童的主要影响

1. 单亲家庭教育的主要特点

（1）教育投入较少。父母双方的离异会带来家庭经济状况的变化，原来由父母双方一起提供的教育投入变为由一方提供。同时，为了家庭能够正常运转，抚养者不得不更加努力工作，因此对儿童进行教育的精力和时间也会大大减少，有的家庭甚至无力对儿童进行充足的教育投入。

（2）教育方法不当。单亲家庭的儿童往往成为抚养方的情感寄托对象，在这种情感寄托下，家长极易采用不当的教育方法，如有的表现得溺爱，导致儿童形成为所欲为的性格；有的表现得严苛，导致儿童心理压力过大；有的把儿童视为出气筒，导致儿童身心受到极大的伤害。

2. 单亲家庭教育对儿童的主要影响

（1）易导致儿童产生消极情绪。单亲家庭的儿童经历了家庭破碎的过程，会处于消极的情绪情感状态之中。另外，由于儿童的情绪容易受外界影响，父母若有消极情绪，会潜移默化地影响儿童。2岁以内的儿童要求生活稳定，这时候的儿童经历父母离异，会有被抛弃的感觉，表现为哭闹不停、睡眠不安、易惊醒等。尤其是离开母亲的儿童，父亲需要用更细致的关心去抚平儿童的心灵创伤。3～5岁的儿童，父母双方任何一方离开，都会使他们感到恐慌。

（2）易导致儿童的性格缺陷。在性格素质上，父母是儿童的第一任老

师。一般来说，单亲家庭的父母对儿童的积极关注较少，父母消极情绪往往较多，从而会影响儿童的性格发展。另外，由于单亲家庭只有父母中的一方和儿童生活在一起，缺少另一方的性格影响，儿童会在性格发展上表现出与完整家庭的不同，这一影响也会一直持续。

（3）易导致儿童问题行为频发。单亲家庭的儿童由于父母离异而受到巨大的心理创伤，他们对家人、社会极易产生敌对心理，加上他们的消极情绪及性格缺陷，对自我的行为常常缺乏控制能力。多项研究表明，单亲家庭子女的不良行为，如抑郁、退缩、孤僻、交往不良等发生率高。

（二）单亲家庭儿童的家庭教育策略

1. 以良好的心态给儿童以安全感

父母离异，儿童成为单亲儿童，这对儿童而言无疑是一个沉重的打击。这时期的儿童模仿能力和受暗示性强，很容易受到父母情绪和行为的影响。这就要求抚养儿童的父母一方必须保持良好的心态，给予儿童更多的关心和耐心，以减少他们的恐慌。

2. 以良好的家庭氛围让儿童愉快成长

单亲家庭的父母应该早一点向儿童说出事实，不要隐瞒，要心平气和地从儿童的角度告诉儿童，父母对他的爱永远不变。离婚后的父母应该尽量创造条件和儿童在一起，如在节假日或儿童生日时，陪伴儿童游玩，让儿童感受到父母的关心。在家庭中尽量营造融洽的氛围，不过多地谈论另一方的缺点，让儿童健康地成长。

3. 注意对儿童的性别角色教育

在儿童成长的过程中，性别角色的获得不是与生俱来的，而是一个重要的学习环节。单亲家庭的儿童长期和父母一方生活在一起，缺少父爱或母爱，这对他们的心理发展极为不利。因此，单亲家庭的抚养者可以有意识地让儿童多接触一些成熟的异性，如单亲母亲可以让儿童多接触舅舅或其他的男性亲戚朋友，让儿童与他们玩耍，从而发展性别角色。

二、对隔代教育儿童的家庭教育指导

隔代家庭教育，也称隔代教育，是指由祖辈（主要是祖父母、外祖父母）对家庭中的孙辈所实施的教育以及其他帮助性活动。随着我国经济社会的快速发展，人口及家庭结构也在发生很大的改变，隔代教育已经成为现代家庭教育的重要模式之一。

（一）隔代教育的主要特点及对儿童的影响

1. 隔代教育的主要特点

（1）具有相对的教育优势。比起年轻的父母，祖辈通常有比较多的耐心和精力陪伴儿童，更加细心和温柔，在处理儿童问题上也更有经验。他们丰富的社会阅历是促进儿童社会性发展和处理儿童教育问题的宝贵财富。

（2）可能影响亲子关系。由于人口流动性的增强和离婚率的升高，隔代教养家庭越来越多，这会影响母子依恋关系的建立，儿童年纪越小影响越明显。

（3）存在两代教育不一致的矛盾。儿童的祖辈和父母两代所成长的时代背景不同，他们在教育观念、教育方法和教育手段上都存在着不同，这样儿童就会在祖辈和父母的不同教养方式下接受不同的教育，容易产生教育分歧，这种教育的影响通常会延续。

2. 隔代家庭教育对儿童的影响

（1）对儿童身体健康的影响。儿童正处在长身体的关键时期，科学的膳食、均衡的营养尤为重要。但不少隔代家庭并没有充分考虑儿童的营养问题，祖辈们懂得科学搭配知识的人不多，他们往往根据经验进行选择，让儿童不同程度地吃营养品，而疏于对五谷杂粮、瓜果蔬菜的摄入等，会导致儿童产生健康问题。

（2）对儿童心理健康的影响。祖辈家长的价值观念往往不能与时俱进，也可能会对儿童过度保护、限制，甚至无原则地迁就，导致儿童适应能力较差，心理健康状况不理想，表现出更多的心理和行为问题。

（3）对儿童社会交往能力的影响。祖辈往往表现出对儿童更多的溺爱和放纵，包办代替儿童的事情，这会限制儿童的独立性发展，阻碍儿童的去自我中心化。生活在这样的环境中，儿童的社会交往能力将难以良好发展。

（二）隔代家庭的教育策略

1. 父母要明确教育责任

父母应该明确自身在儿童抚养过程中的责任，重视儿童的抚养问题。即使由于各种客观原因不能完全承担抚养责任，父母最好也向儿童讲明理由，是为了生活和工作，而非放弃他或不爱他。同时，父母应尽最大可能与儿

童保持沟通，经常了解儿童的发展情况和内心感受，让儿童能够感受到父母的关爱，这对促进儿童身心的健康发展具有非常重要的意义。

2. 祖辈要更新教育理念与方法

祖辈父母要在价值观念、知识结构、思维模式、教育方式上与时俱进，虚心接受教育，学习科学的教育理念和教育方法，遵循新时代的教育规律。更为重要的是，祖辈教养者应经常和父母沟通，互相理解和认同，达到教育理念和教育方法的一致，两代人齐心协力地教育儿童。

3. 通过家园社一体化弥补教育的不足

建立家庭、托幼机构和社区一体化的教养机制，有利于弥补当前多数祖辈家长教育知识的不足、与时代脱节等问题，在这一方面，托幼机构相对专业，社区可给予支持，有针对性地指导儿童。

三、对流动人口家庭儿童的家庭教育指导

流动人口家庭有两类，即留守儿童家庭和随迁子女家庭。留守儿童是指父母双方或一方外出务工、经商或学习，而将儿童寄留家乡，由祖辈或其他亲友承担起监护教育责任的儿童。随迁子女家庭是指子女跟随外出务工的父母到工作所在地进行生活的家庭。

（一）留守儿童的家庭教育指导

1. 留守儿童家庭教育的特点

（1）片面重视儿童物质上的满足。大多数父母外出务工的主要目的在于为儿童提供更好的物质条件，所以多数只关心儿童的物质生活，对心理和情感的发展关注度不高，或把儿童在这方面的需求交由老人负责。

（2）监护人不能完全胜任父母角色。一些父母认为把儿童交给祖辈是最放心的，但是没有考虑到儿童的教育问题。祖辈和儿童年龄差距较大，他们的知识、能力、精力也有限，无法承担父母的很多责任，出现问题也较难解决，甚至固执己见，在这种环境下，留守儿童难以养成良好的习惯。

2. 留守儿童家庭对儿童的影响

（1）儿童情感生活匮乏。大多数留守儿童的父母只能以网络或电话的方式维系亲情和关爱。这种沟通是短暂的、频率较低的。即使儿童和祖辈有聊天，内容也仅限于日常琐事，而很少与祖辈沟通内心深处的思想。这种父母亲情感的缺失也是造成留守儿童情感缺陷的重要因素之一。

（2）儿童身体素质较差。原因主要是父母在外工作，家庭劳动力匮乏，没有充裕的时间制作食物；家庭经济条件差，无法满足儿童的营养需要；留守儿童由祖辈喂养，他们缺乏科学喂养的知识与能力。

3. 留守儿童的家庭教育策略

（1）父母尽量避免在儿童早期与其长期分离。父母在考虑家庭经济时，也要考虑儿童的发展，一旦错过陪伴儿童的时间，就再难以弥补。如果决定外出，应该留一个家长在家，而大多是母亲。

（2）寻找合适的监护人。如果实在需要将儿童托付给他人，家长应该寻找教育能力强、责任心强、能保护儿童的人来作为儿童的临时监护人，以最大限度地保障儿童健康地成长，降低儿童在成长中出现问题的概率。

（3）改变教育沟通方式，并保持长期联系。任何物质的满足都替代不了父母情感的满足，父母的时刻关心是儿童得以健康成长的保证，因此父母要做到与儿童经常联系，让儿童能感受到父母的关爱。同时，父母也应该经常联系临时监护人和托幼机构的保教人员，多方面了解儿童的近况，并与之共同商讨教育儿童的方法，使儿童在充满爱和关注的环境下成长。

对点案例

关注留守儿童

针对我园留守儿童的成长状况和实际需要，我们进行了一个学期的留守儿童专题教研。针对父母不在家，祖父母养育的问题，实施定期对留守儿童进行家访，建立对祖父母进行科学养育儿童的培训的过程档案和留守儿童的成长档案，每月对外出的父母进行一次网络沟通。经过专题研究，全园留守儿童的教育共同体建设有了质的变化，留守儿童更加开朗、活泼了，祖父母的育儿水平也得以提升。

（二）随迁子女家庭的家庭教育指导

1. 随迁子女家庭的家庭教育特点

（1）居住环境较差。从现有的资料看，流动人口家庭的经济收入普遍低下，绝大部分收入用于基础消费，这就决定了对于儿童的教育支出要大打折扣。另外，流动人口通常是合租一套民房，居住条件简陋，人员混杂，

缺乏儿童玩乐的空间和材料，导致儿童的精神生活相对贫乏。

（2）家庭的教育能力有限。流动人口处于初中和小学文化水平的比例较高，大多只能从事一般的社会性工作。流动人口自身的遭遇使得他们对儿童存在一些教育误区：一是对儿童期望过高，采用非常严厉的教育方式；二是缺乏科学的教育方法，忽略儿童的情感需要，把教育的责任推给托幼机构。

2. 随迁子女家庭的家庭教育策略

（1）家长要尽量为儿童创造良好的生活环境。儿童的生活环境不稳定或环境差，都会给他们生活学习带来负面影响，所以家长要尽量给儿童创造好的生活条件，尽可能地保证儿童的学习时间和休息时间，力所能及地为他们添置一些学习工具和游戏用具，为儿童的学习提供基本的保障。

（2）家长要加强学习，树立正确的教育观念。家长应该弥补自身不足，加强学习，掌握教育知识，帮助儿童解决问题，要以身作则，为儿童树立榜样。同时，家长要认识到为人父母的家庭责任，尽父母养育子女的职责，重视教育，使子女在良好的氛围中成长、学习。

（3）家长要积极与托幼机构联系。家长应了解儿童在园的情况，及时鼓励、教育儿童，与保教人员步调一致。另外，家长要积极参与托幼机构组织的活动，如亲子运动会、亲子游戏等，尽量与儿童直接交流，全面了解儿童，配合托幼机构的教育，形成家园教育合力。

四、对特殊儿童的家庭教育指导

特殊儿童广义上指与正常儿童在各方面有显著差异的儿童，狭义上专指残疾儿童，即身心发展上有各种缺陷的儿童，又称"缺陷儿童""障碍儿童"。托幼机构的特殊儿童类型有：轻度智力障碍、轻度自闭症、多动症、感觉统合失调、肢体残疾和病弱儿童等。对特殊儿童的家庭教育指导首先是理解特殊儿童的父母。

（一）理解特殊儿童的父母

1. 理解特殊儿童父母的情绪反应

特殊儿童的父母在情绪上都会经历一个调整悲伤的过程。父母对诊断的初始反应之一是拒绝接受及悲伤。渐渐地，大部分父母会开始接受儿童的特殊。但随着家里日常事务、资源和活动等的变化，可能会备感压力，甚至出现怨恨等。因此，这些家庭需要更多的理解与支持。

2. 理解特殊儿童父母面临的主要挑战

（1）错过最佳治疗时间。刚做父母的人缺少儿童发展的经验，他们可能会疑惑，但很难承认自己的孩子有问题，因此父母可能会错过儿童的最佳治疗时间。

（2）亲子关系面临挑战。特殊儿童的社会性互动很少是自发、有趣的。照顾特殊儿童非常辛苦，这些儿童也较少与父母有积极的互动；这不利于他们和父母之间发展出亲密的关系。

（3）夫妻关系面临挑战。对特殊儿童进行照顾，需要花费大量的精力与金钱，还有对儿童问题解决办法的探寻，对儿童未来的担忧等，使得父母双方或一方的痛苦逐渐增加、消极的情绪体验日益积累，夫妻关系会因此受到严重挑战。有些父母难以适应这一改变，而不得不选择离开家、离开儿童。但是大多数的父母都能够正视这一挑战，其中夫妻关系的亲密度至关重要。

（4）承受着来自社会的压力。一方面，社会文化过多地关注残疾儿童父母的消极情绪，并倾向于认为他们没有满足儿童的情感或其他需要，甚至将他们看成是儿童治疗的障碍，或者是儿童有适应问题的原因之一。另一方面，社会上能给这些父母的专业指导极为有限，使他们在面对儿童的问题时不知所措。

（5）面临对儿童的感情矛盾。有些儿童会成为有残疾但对社会有贡献的幸福的人。当父母接受了儿童，了解了该如何照顾儿童的相关知识后，他们自己也获得了成长的感觉。家长会表现出两极性的情绪体验——失望和愉快；希望和担忧害怕。这些矛盾的情绪可能表现为：既想努力使自己爱上孩子，又想要去除孩子的不正常；既知道孩子无法治疗，又继续寻求治疗；一方面即使面对巨大的挫折，仍然对孩子的未来充满希望，另一方面又无法消除自己对未来的恐惧情绪。

3. 理解与这些家长建立信任关系的重要性

在为儿童作出的决定中，家长与专家是平等的伙伴关系。在建立协作关系时，家庭通常会认为专业人员的下列行为特别重要：友谊、乐观、耐心、真诚、机智、热情应答、对建议持开放态度等。因此，要成功地从事与障碍儿童相关工作，专业人员要以儿童家庭为中心，这包括了解并尊重每个

家庭的文化、语言以及他们为儿童作决定的能力，即使这些决定与专业人员的决定有所不同。与父母建立联系的起点是去了解他们，同时也让家长了解专业人员。在开始进行敏感话题的交流前，要通过电话或普通会面诚挚地与家庭建立和谐的关系，要让家长感受到，自己对待特殊儿童与其他正常儿童是一样的，对待特殊儿童的父母与正常儿童的父母也是一样的。

（二）智力障碍儿童的教育对策

对于智力障碍儿童我们要做到早发现、早干预，抓住智力发展关键期，实行有针对性的特殊教育。对于智力障碍儿童的教育包括功能训练、智能训练、异常行为矫正三个方面，通过训练感知能力和活动刺激等方式促进其大脑活动的改善。

1. 功能训练

功能训练包括感知训练、语言训练和肌肉训练。

（1）感知训练。感知训练主要包括对视觉、听觉、嗅觉、味觉、时间感知等方面进行训练，使之能够辨别声音、颜色、形状、时间等形成认知并作出正确反应，以达到适应生活环境的基本要求。

（2）语言训练。语言训练主要采取提问、对话等方式对口语表达进行练习。特别是要抓住儿童3岁前后语言学习的关键期，利用机会多与儿童交流，并结合点头、微笑等动作鼓励其不断发音说话，培养智力障碍儿童可以用单词及简单句子表达自己对基本生活的需要。

（3）肌肉训练。肌肉训练主要包括大肌肉群训练和手功能活动训练，可以从力量、平衡、协调、速度等几个方面衡量智力障碍儿童的跑跳、爬行、俯卧抬头、翻身、站立、行走等动作，以及手功能活动。这些是智力障碍儿童康复训练中必要的领域，要尽力做到动作准确，合理地控制力度和速度，由易到难逐步加深。

2. 智能训练

对智力障碍儿童的注意力、记忆力、思维能力加强训练，使其能做到认知外界事物，对日常生活作出正确的反应；穿衣、进食、如厕等日常生活能够自理，配合环境解决生活上的问题；能与他人建立良好的关系，友善合作并适应社会。在教育过程中，家长要有足够的耐心，家长可以将一个动作分成若干个小动作，反复让儿童做来加强记忆。训练过程分解步骤越详细，越有利于智力障碍儿童接受。家长要以多次循环为原则，使儿童在反复的练习中掌握训练技能。训练形式要多样化，以能够吸引儿童的注意力，引起其好奇心，培养其主动参与的兴趣。

3. 异常行为矫正

对于障碍较轻或已经经过长期训练的儿童可以通过正面强化、消退、塑造、条件强化、错误惩罚等方法对其出现的异常行为进行技术矫正。例如，对于某动作的反复练习或者对于一些错误行为的批评惩罚等。

对于智力障碍儿童的康复训练往往要通过专业康复师和家庭康复的协助两个途径进行系统全面的康复训练。家长要及时对儿童的发展情况作出判断，并在康复训练前和训练中对儿童的能力水平做到心中有数。配合专业康复师在训练中进行阶段评估，以便调整下一个阶段的康复训练内容。在若干个阶段康复训练后要进行总结评估，对康复训练过程作一个全面而系统的把握。

（三）自闭症儿童的教育对策

自闭症治疗的最有效的方法就是持之以恒的、科学的康复训练。

1. 训练一定要抓住自闭症的核心目标

自闭症训练的终极目标是让儿童拥有生存下去的社会能力。因此，家长要让儿童入学，在托幼机构能学到许多在家里学不到的东西，如集体观念、进取精神、独立能力、自我保护等；要培养儿童的劳动能力，使其融入正常人。家长一定要知道，在运用方法的过程中，不可过于较真训练形式上的效果，而忽略训练背后的意义和目标。训练过程中需要很多教育辅助媒介和方法，家长要对儿童主动的社交与沟通表示赞同与肯定，特别是对于刚刚开始训练的儿童的家长。

2. 训练要终生进行

很多家长会认为自闭症的干预训练是阶段性的，认为儿童在经过治疗半年、一年或两年后就会康复，可以去上正常的学校。真实状况是，自闭症并非像其他疾病一样治疗几个疗程就会痊愈，患者一旦被确诊，对其的干预很可能是伴随终生的。只是因为儿童个体因素不一样，在干预的强度上会有轻重之分，但绝不是阶段性的干预后家长就可以高枕无忧。

3. 训练要随时随地进行

很多家长没有意识到干预训练需随时随地进行，需要付出绝对的耐心与毅力。有些家长认为，在专业机构或学校进行训练就可以了，到家后就可以不用训练了，这种观点是错误的。正确的做法是儿童醒来就开始训练，不管是谁面对儿童，都要采取科学的方法来进行训练，对儿童的教育须做到时时刻刻、随时随地进行。儿童训练越早越好，但终身都有训练价值。尤其应抓紧 6 岁以前的时间，因为这个年龄段的儿童可塑性很强，只要方法对，儿童的进步会很大。

（四）多动症儿童的教育对策

1. 养成规律的生活方式

家长要合理地安排儿童的休息时间，让儿童的生活有规律。家长还要在生活上注意培养儿童的自理能力，尽量分配给他们一些容易完成的事情，让儿童有一种可以独立完成一项任务的满足感。

2. 及时回应儿童的行为

如果儿童表现出安静听讲、小动作少、安心游戏，或与同伴合作完成某件事时，家长应及时给予口头表扬或奖励；反之，如果儿童乱跑、乱喊时，家长要给予儿童批评或取消儿童的某种权利。对儿童的表扬要具体，因为儿童可能分不清具体行为与整个人的关系。表扬不只是语言上的表达，也包括非语言的表达。不同年龄的儿童应用不同的方式表扬。要训练儿童知觉的精确性，提高他们动作的协调能力，帮助他们在意识内建立起正确的行为判断标准。这种方法能够减轻儿童的心理障碍和对抗情绪，在潜移默化之中使儿童进步，恢复其自尊心和荣誉感，使其形成是非观念，增强抵抗诱惑的能力。

3. 对儿童的引导要有耐心

多动症儿童对一切事物都感到新奇，总是忙个不停。其实，他们是在有意无意地探索世界的奥秘。好的行为习惯是在不断地反复中得到巩固的，不好的行为只有在不断出现后被反复矫正才能戒除。所以我们要耐心引导，对儿童充满信心。儿童在行为上多带有冲动性，随着年龄增长，他们会渐渐学会控制自己的行为，按照规章制度来约束行为，但也有一部分儿童发育较缓慢。家长若不了解这种发育差异，对儿童过早进行强迫教育，或者对儿童期望过高，超过了儿童实际的能力，就有可能起到反作用。对于多动症儿童，家长要去尝试了解儿童的需要和行为动机，掌握儿童的心理特点，并与托幼机构等专业人员积极配合，共同帮助儿童改善行为。

（五）听力障碍儿童的教育对策

1. 关注儿童的心理健康

由于听力障碍会导致儿童与正常儿童在交流与沟通上存在一定困难，在一定程度上会影响儿童的自尊心，使儿童产生一定的负面情绪。因此家长要多注意引导儿童，鼓励儿童多参加集体活动，多和同伴交流。

2. 针对不同情况进行训练

对于装置了人工耳蜗的儿童，家长要尽早开展听力训练，调动儿童的听力，让儿童听懂声音，训练方法得当且长期坚持，这一类型儿童可以得到很好的恢复。对于情况比较严重的儿童要加强实际训练，发展儿童残存的听力，有意识地训练儿童的听说能力。例如，听话训练——通过各种音节、音调、日常用语等来训练儿童能听懂一些词语，看话训练——通过唇齿、表情、手势等表达的训练，说话训练——教儿童如何发音、如何说出词语和句子的训练等。

3. 要有耐心和信心

听力障碍儿童的发展是一个漫长的过程。因此，家长在训练过程中要有耐心和信心，针对听力障碍儿童的语言学习与训练应遵循语言获得与语言教学的一般规律，采用科学的训练设备、系统的训练手段、细致耐心的训练态度进行有效的听力障碍儿童语言教学与训练。

（六）视力障碍儿童的教育对策

1. 关注儿童的心理健康状态

家长在发现儿童有视力障碍问题后，要及时对儿童进行疏导，使儿童形成正确的价值观和人生观，敢于直面自己的现状，接受现实的自己，这样儿童才能更加积极地生活和成长。对于后天原因导致视力障碍的儿童，家长要尽快走出阴影，帮助儿童度过从正常人到视力障碍的痛苦过渡期，指导儿童重建信心。

2. 培养儿童的生活技能

要尽早培养视力障碍儿童相关的生活技能，如吃饭、穿衣、洗澡等。针

对盲童还要专门教会他们辨别方向，尤其是在儿童 4 岁以后更要从概念上教给他们如何辨别方向，并且要进行专门的训练和指导。对于定向行走而言，最理想的状态是视力障碍儿童能够独自行走，家长要注意让儿童养成一个好的行走姿势。为了达到使视力障碍儿童能独自行走的目的，家长可以引导视力障碍儿童先在家长的照顾下行走，然后逐渐过渡到独自行走。

3. 要有耐心和信心

融合教育

对于视力障碍儿童生活技能和习惯的养成与一般儿童无太大差异，只是需要家长花费更多的时间陪伴与训练儿童，这需要家长具有更强的责任心，更具有耐心，还要对儿童在未来能独自生活充满信心。

知识测试与实践

一、知识测试

（一）单项选择题

1. 托幼机构与家长合作共育的本质是（　　）。
A. 让家长了解幼儿在园的表现　　　B. 了解儿童在家的表现
C. 家园合作，形成教育合力　　　　D. 完成园长交给的任务

2. （　　）的父母完全接纳儿童的想法，让儿童自由发展，较少纠正儿童，当儿童有情绪反应时立即给予安慰，但很少要求和指导儿童的行为。
A. 放任型　　　　B. 忽视型　　　　C. 专制型　　　　D. 民主型

3. （　　）是家长根据自己的专业与兴趣爱好，在时间允许的情况下，以志愿者的身份参与到托幼机构的一日活动中的一种方式。
A. 家长学校　　　B. 家长志愿者　　　C. 家长开放日　　　D. 家长课堂

4. （　　）是指通过创设温馨的氛围和环境，调节准妈妈的情绪，帮助准妈妈忘却不快和烦恼的一种方法。
A. 音乐胎教法　　B. 情绪胎教法　　　C. 美育胎教法　　　D. 环境胎教法

（二）判断题

1. 家长的儿童观是指家长对人才价值的观念和对子女成才的价值取向。

（　　　）

2. 托幼机构家长会的发起者可以是园长、年级组长，也可以是各班教师。（　　　）

3. 家园联系手册对于家长是隐私，因此不宜对外展示。（　　　）

4. 孕期胎教的对象只是孕妇。（　　　）

5. 自闭症儿童训练的终极目标是让儿童拥有生存下去的社会能力。（　　　）

（三）简答题

1. 祖辈家长在家庭教育中独特的功能和价值有哪些？

2. 家庭与托幼机构合作共育中的沟通技巧主要有哪些？

3. 家长会的类型主要有哪些？

4. 家长如何为适龄儿童选择合适的幼儿园？

第四章知识测
试参考答案

二、实践题

1. 以小组为单位，模拟举办一次家长会。

2. 调查了解小区家长在幼儿刚入园或者幼儿即将升入小学时的态度与做法，并向资深老师请教家长应如何做好哪些相应的教育工作，最后撰写一份调研报告。

第五章

家庭与社区的合作共育

第五章导入

◇ **德育驿站**

上下同欲者胜。

——《孙子兵法·谋攻》

◇ **本章导入**

家庭与社区之间的教育互动能使家庭与社区双方相互了解、相互联系、相互支持与合作，形成一种紧密的教育互动关系。陶行知提到，不运用社会的力量，便是无能的教育；不了解社会的需要，便是盲目的教育。社区加强与学前儿童家庭的教育互动也将更好地推动社区的物质文明建设和精神文明建设，有助于社区的可持续发展，有利于学习型社会的构建。

◇ **知识目标**

1. 了解家庭与社区合作共育的目标与内容。
2. 熟悉家庭与社区合作共育的策略。

◇ **能力目标**

1. 能提出家庭对社区资源开发和利用的建议。
2. 能提出社区对家庭教育指导的策略。

◇ **素质目标**

1. 通过了解家庭与社区合作共育的目标与内容，树立双方合作共育的理念。
2. 通过掌握家庭与社区合作共育的策略，具备不断创新的意识与能力。

第一节　家庭与社区合作共育的目标与内容

一、家庭与社区合作共育的目标

（一）营造良好的社区环境，增强教育效果

目前，我国的家庭教育更侧重于对儿童生活自理能力和道德品质的教育；社区教育涵盖的内容则比较广泛，涉及德、智、体、美、劳等多方面的教育内容。但社会中难以避免地会出现与家庭的正面教育相违背的一些现象，如踩踏花草、毁坏公共设施，甚至偷盗、抢劫等，这些负面的现象对儿童的发展会产生不利的影响。所以，家庭和社区需要为儿童营造良好的社区教育环境，加强社区的文明建设，使儿童在家庭或托幼机构所接受的教育与社区的实际状况一致，以更好地促进儿童健康成长。

（二）以社区教育为补充，促进儿童全面发展

学前儿童家庭教育受家庭环境及家长专业程度不同的影响，水平参差不齐。例如，有的家长对儿童过分宠爱，有的家长对儿童"重智轻德"，有的家长忽视儿童的身体锻炼等。所以，社区可以结合本社区学前儿童及家庭的实际情况开展丰富多样的社区学前教育活动，如"我来做家务""一起走进敬老院""社区健身操"等，让学前儿童在社区生活中提升生活技能、提高思想品行、保持身体健康等，弥补家庭教育的不足，促进儿童全面发展。

（三）坚持家园社齐抓共管，使教育效果最大化

家庭、托幼机构和社区，三方教育中任何一种类型的教育都存在自身的局限性。例如，家庭教育是儿童生活的第一场所，教育相对随意；托幼机构教育相对专业，但环境具有一定的封闭性；社区学前教育内容广泛，但教育内容和形式具有不确定性。如果三者能有效合作、齐抓共管，就可以减少一方教育的局限性，发挥三方的合力作用。例如，道德教育往往是在家庭和托幼机构当中进行的，但道德却是在社会环境中体现并影响他人的，因此社区对儿童的道德教育不可或缺。再如，关于"垃圾分类"的观念，托幼机构可以通过主题活动教育儿童不同颜色的垃圾桶内应放不同类型的垃圾，

家庭可以通过在厨房、客厅、卫生间等不同区域放置不同的垃圾桶以提醒儿童，但最终还必须落实到社区当中。只有社区配备相应颜色的垃圾桶，居民自觉分类放置，才能使儿童在意识与行动上受到影响。

二、家庭与社区合作共育的内容

（一）促进儿童身心健康

健康的身心是儿童成长最重要的资本，因此家庭与社区的合作共育要重视培养儿童的身体健康，重视儿童的心理健康发展。所以，社区要注重对游乐场地的规划和游乐设施的配备，还要注重对先进幼教理念的传授，让社区的家长能够用正确的理论与方法教育儿童。

（二）培养儿童的品德

儿童长大后必定要融入社会，社区和家长要把儿童培养成为人格健全、品德良好的人，帮助儿童更好地适应社会；要培养儿童具有感恩的心，具有责任心和爱心。例如，社区可以多举办相应的活动，像"社区清洁小卫士""社区小小秩序员"等，使家长和儿童能积极地参与到活动当中。

对点案例

学雷锋志愿活动

为丰富儿童文化生活，引导儿童热心公益，乐于奉献，践行"奉献、友爱、互助、进步"的志愿精神，培养儿童对社会的初步认知感、责任感。

××社区"心起点"项目组于本周日上午在社区内开展"不负春光 未来可期"学雷锋志愿活动。

活动地点：社区大讲堂（2号楼3单元1楼）

活动时间：2023年3月5日上午10:00—11:30

活动流程：

1. 观看《雷锋精神》宣传短片。

2. 雷锋事迹有奖问答。

3. 第二批"童乐颂"成员入组。

4.整理社区图书室。

报名方式：家长在社区服务群内进行接龙即可。

（三）促进儿童社会化发展

社会方面的教育是社区学前教育对家庭教育最有力的补充。社会教育主要是指对儿童进行社会认知、社会情感、社会行为等方面的教育。这有助于儿童形成正确的价值观，陶冶良好的情操，促进儿童社会化发展。社区是社会的一个缩影，家长要通过在社区的生活中帮助儿童理解基本的社会知识。例如，通过购物、就医等社会行为了解社会中的行为规范和准则。在这一过程中，如果能让儿童亲自实践，则有助于儿童基本社交能力的提高。同时，家长要通过榜样示范，社区要通过好人好事宣传，帮助儿童树立正确的价值观。

第二节　家庭与社区良好合作共育的策略

一、健全家庭与社区合作共育的政策法规

首先，要形成系统化和规范化的政策法规。通过制定专门的家庭教育和社区教育的法律法规，来规范家庭、社区享有的教育权责。通过法治维护，保障家庭教育与社区教育的合作共育顺利开展。其次，要明确家庭与社区合作共育的管理体制与机制，内容涉及资源共享、资金投入、内容互动、督导评估机制等。例如，全国妇联、教育部等 11 个部门印发的《关于指导推进家庭教育的五年规划（2021—2025 年）》，把构建覆盖城乡的家庭教育指导服务体系、健全学校家庭社会协同育人机制、促进儿童健康成长确立为今后一个时期家庭教育发展的根本目标，推动"十四五"时期家庭教育高质量发展。

对点案例

《关于健全学校家庭社会协同育人机制的意见》

2023 年 1 月，教育部等十三部门联合印发了《关于健全学校家庭社会协同育人机制的意见》。其主要目标为：到"十四五"时期末，政府对学校家庭社会协同育人工作的统筹领导更加有力，制度体系基本建立健全。学校积极主导、家庭主动尽责、社会有效支持的协同育人机制更加完善，促进学生全面发展健康成长的良好氛围更加浓厚。学校教育主阵地作用进一步强化，家庭教育指导服务更加专业；家长科学育儿观念基本树立，履行家庭教育主体责任更加到位；城乡社区家庭教育指导服务站点普遍建立，社会育人资源利用更加充分。到 2035年，形成定位清晰、机制健全、联动紧密、科学高效的学校家庭社会协同育人机制。

二、家庭对社区资源的开发和利用

家庭要以健康的方式来教育并实现儿童的社会化，这需要获得很多资源支持。在教育方面，家庭对社区资源的开发和利用主要体现在如下几个方面。

（一）社区物质资源的开发与利用

社区中的自然环境、服务机构及住宅、公共设施等是家庭教育的宝贵资源，家长要最大限度地发挥这些资源的教育价值和作用。

1. 社区自然资源的开发与利用

大自然是一本活教材，它向儿童展示了具体、形象、生动的学习内容，为培养儿童的探索和认知兴趣，提高儿童的审美能力与情趣，培养儿童对自然、对家乡、对祖国的热爱，从而为对周围世界的感性认识提供了丰富而天然的素材。随着人们生活质量的提高，人们对社区居住环境的要求也越来越高。当前，社区的居住环境倾向于自然化、人性化，如配备花坛、水坛等，家长应充分挖掘和利用社区里的自然环境资源，实施家庭教育（见图5-1）。例如，家长可以利用一些树桩、树皮、树叶、树枝、沙土等自然材料，启发儿童进行大胆想象和创作，制作标本、贴画等手工作品。

图 5-1　社区自然教育资源

2. 社区服务机构资源的利用

社区中有许多正式与非正式的机构，是社区社交网络的组成部分，这些机构能够为家庭提供多种短期或长期的服务。家庭应了解所在社区有哪些

服务机构，这些服务机构可以提供哪些服务，在需要的时候如何向这些机构寻求帮助等，以充分使用社区的服务机构资源。

（1）正式机构主要是政府提供的公共服务类机构。社区中有由政府提供的公共服务类机构，如警务大队、居委会、妇联、卫生服务中心等。这些服务机构为社区的和谐稳定以及居民的幸福健康等提供了基础的保障。为提高家长的家庭教育能力，我国政府也在部分城市组织开设了街道社区学校，开设家长学校的学习内容，以传播科学育儿的理念和方法。

对点案例

××社区妇联职责

1. 宣传贯彻党的路线、方针、政策，倡导文明进步的妇女观，团结教育妇女自尊、自信、自立自强，为社区"三个文明"建设作贡献。

2. 围绕社区的中心工作，开展"巾帼建功""五好文明家庭"等创建活动，弘扬社会公德、职业道德、家庭美德，提高妇女综合素质。

3. 开展法律宣传、咨询，提供法律援助，建立社区妇女儿童维权服务站，维护妇女儿童合法权益。配合有关部门打击拐卖妇女儿童、卖淫、嫖娼、吸毒等社会丑恶行为，维护社会稳定，推进依法治区。

4. 普及环境保护知识、妇幼保健知识，宣传优生、优育、优教，提高妇女儿童健康水平和家庭教育水平。

5. 推进社区服务工作，关心辖区内特殊困难的弱势群体，帮助他们解决实际困难，为妇女儿童办好事、办实事。

（2）非正式服务机构是与居民日常生活密切相关的服务机构，如社区中的商店、超市、汽车加油站、菜市场等。对于学前儿童来说，通过这些机构，他们会了解人们在哪里工作，他们生产哪些东西，这些产品去了哪里，以及每个服务机构与社区生活的相互关系如何等。

3. 社区里的住宅、公共设施等资源的利用

住宅有可供我们开发和利用来教育儿童的地方。例如，房屋的外形可用于引导儿童用积木搭房子、用画笔画房子，其中的窗户朝向、阳光进入情况等，都可以作为教育的相关内容。社区里的公共设施也是很好的教育资源。例如，社区分类垃圾桶的使用能让儿童懂得哪些垃圾可以回收，什么

颜色的垃圾桶放什么类型的垃圾；社区的旧衣捐赠箱，既可以培养儿童的关爱意识，也可以培养儿童的环保意识；社区里各种各样的禁止与指示标志，如禁烟标记、转弯标志等，都可以用来作为教育儿童的资源。

（二）社区人力资源的开发与利用

家庭可以利用邻里、社区以及更大的社会关系网为家庭成员的发展建立一个广泛的支持基础。

1. 亲戚朋友资源

家庭中最常见的社交网络当属直系亲属提供的资源，如儿童的祖父母等。家庭中的直系亲属是最容易获得的人力支持资源。另外，非直系亲属和亲密的朋友也是家庭强有力的支持。如果一个人或一个家庭的社交网络主要来源于亲朋好友，且亲朋好友离去或暂时性离开，又或者由于某种原因不能再给予支持的时候，那么这个人或家庭就将面临失去支持的危险。因此，扩充更广泛的支持基础对于家庭和其成员来说都是非常必要的。

对点案例

支持的重要性

优优妈妈从怀孕起就请优优的奶奶和爷爷过来照顾，从优优出生开始，大家便分工明确：爷爷负责买菜烧饭，奶奶负责洗衣打扫，妈妈负责照顾宝宝起居，爸爸负责下班后教育宝宝。优优妈妈产假结束返回工作岗位后，白天养育宝宝的责任就主要由奶奶和爷爷承担，晚上则仍由妈妈和爸爸负责。优优妈妈感慨，幸亏有优优的奶奶和爷爷来帮忙带孩子，否则自己就得辞职在家了。

小亮的爸爸是在外地打工时与小亮妈妈相识的，当时他们不顾家人反对而结合在了一起。自从有了小亮，小亮妈妈辞职在家照顾孩子，小亮爸爸打工回家后还需要一起照顾小亮，没有家人的帮忙，两人都感觉生活压力很大。

2. 社区邻里资源

同一社区的邻居也是家庭社交网络中的重要组成部分，因为邻居能够构成互相援助的社会团体，实现资源共享，他们可以通过定期或者不定期地

举办家庭聚会或外出活动，让儿童在节假日也可以与其他小朋友玩耍或学习。社区邻里家庭组成社交网络，也可以推动同伴互动，促进儿童社会能力的发展。社区居委会等也会定期组织类似春游、夏令营、冬令营等活动，在为家庭扩充社交网络提供机会的同时也为儿童提供了更多的交往环境，能够有效地促进儿童的主动交往，实现社区邻里资源的共享。

家长所建立的社会关系广泛地影响着儿童。在安全、和睦的家庭和邻里关系中成长的儿童未来更容易成为健康、自信、能干的人。随着儿童的成长，他们可以在同龄群体中建立起额外的社交网络，并能从同辈身上得到更多关于自身认同和社会行为准则的概念。

（三）社区人文资源的开发与利用

家长应该把当地社区的文化、历史场所作为一种教育资源。例如，将本地区的风俗习惯、纪念场所以及英雄模范人物的事迹讲给儿童听，让儿童从中体验本土文化的深刻内涵与价值，萌发爱家乡、爱祖国的自豪感。

家长在平时要多关注社区里的文化生活，积极参与社区活动，为儿童提供展示和表现的舞台，以及交流和学习的机会。例如，在元宵节，家长可以带着儿童参与社区的猜谜语活动，使儿童体验我国的传统节日。

家长还要引导儿童在和谐、健康的环境里愉快地生活。例如，在来往社区的路上，引导儿童主动而有礼貌地与熟人打招呼；在儿童与社区小朋友一起玩耍时，教育儿童学会与大家友好相处，懂得关心弱小等。

二砂文创园

随着城市的发展，郑州的很多工业企业陆续搬出主城区，一些有价值的老厂房、老库房空置下来，这些老厂房虽然有的已经比较破旧，但是它们却成为见证历史的文物，得以保留、保护。

二砂文创园前身为"中国第二砂轮厂"。1956年，郑州砂轮厂动工兴建，1962年郑州砂轮厂正式更名为第二砂轮厂。2003年开始，随着社会各领域的转型，第二砂轮厂厂区逐渐闲置，但这个工业企业一直留在郑州人的记忆中。

2020年10月，二砂文创园正式开园，依托"二砂"这张郑州工业史中极具代表性的名片，二砂文创园在强化记忆传承的同时，着重引入新业态，逐渐成为郑州文创产业的典范（见图5-2）。

图5-2　二砂文创园一景

二砂文创园和与其一路之隔的芝麻街公园里（由郑煤机工业园区改造而来），以及不远处的国棉三厂特色街区协同，将一起成为文艺青年和创意产业的聚集地。

三、以社区为主导的家庭教育指导策略

以社区为主导的家庭教育指导策略主要包括两个方面：一方面，要组织各种服务家庭的社区教育机构与团体，把新知识、新观念和新技能送入社区，提升家长及全社会的教育认知；另一方面，要通过社区与家庭联合来共同利用和开发社区教育资源，提高教育质量。

（一）提升家长及全社会的教育认知

提升家长自身的教育能力对于学前儿童家庭来说尤为重要。大多数父母在真正成为父母前并没有专门学习过家庭教育的相关知识，或者没有进行过相关技能的训练。他们的教育方式很大程度上会受到原生家庭的影响，而原生家庭中有些错误的教育方式对儿童的发展不利。所以，要在全社会树立家长教育的理念。首先，社区应自觉承担起家长教育的责任，配备专门进行家长教育的老师，开展专门的家庭教育训练，并进行相关教育理论的研究；其次，社区管理人员、专业教育人员及其他相关机构人员都要调整教育工作重心，重视家庭教育，并为家长教育提供各种有利条件；最后，家长要树立全面、专业的教育理念，自觉接受社区的教育。社区的家庭教育主要有两种途径。

1.社区开办知识讲座与交流活动

（1）知识讲座。知识讲座是社区指导家庭教育普遍采用的方法。社区可以通过举办各种讲座，为家长提供各种教育儿童的理论与方法。街道或乡镇应该善于利用社会上的人力资源优势，有计划地邀请一些著名的儿童保

健专家、家庭教育专家等，来社区举办一些科学讲座或报告，系统介绍有关儿童发展及教育方面的知识、方法和技术，也可以发挥社区优势，聘请本区内有经验的教师或家长，开设与家庭教育相关的系列讲座。

对点案例

"喜乐多"女性系列沙龙活动

第一期主题："幸福婚姻，快乐亲子"

本活动特邀了国家二级心理咨询师、婚姻家庭师××老师。××老师擅长儿童青少年心理、学业焦虑情绪管理、人际关系、婚前婚后教育咨询等。

活动地点：社区新华书店二楼水吧

活动时间：2023年3月4日15:00—16:30

参与人数：30人

有报名意愿者在微信群内留言即可。活动人数有限，请确认好时间后再报名。

（2）交流活动。社区可以利用网络组织家庭之间进行交流活动。互联网具有不受时间、空间限制的优势，在利用网络开展交流活动时，家长可以结合自身情况选择交流时间，甚至可以在活动结束后回看交流的内容。

2.社区通过媒体进行广泛宣传

社区可以利用舞台、电影、电视、广播、图书、报纸等宣传工具向家长传授教育儿童的科学知识。这种途径的优点非常明显，一是受教育的对象相对广泛，普及性强；二是宣传的内容形式多样，更容易吸引家长并为家长所理解和接受。同时，社区还可以建立自己专属的公众号或互动App，在其中设立与家庭教育相关的栏目和答疑区，安排账号的管理人员及时收集、解答家长的问题，也可以发布家庭教育的相关文章，使家长掌握最新的教育动态。

（二）密切社区和家庭的合作，提高教育质量

家庭与社区要建立互相沟通的制度，加强相互之间的联系，让家长在活动中更了解儿童，也让社区在活动中更了解家庭。

1. 社区成立社区家庭委员会

社区可以从家庭当中选出一些代表组成家庭委员会，将其作为家长和社区进行沟通的桥梁。家庭委员会可以独立展开工作，直接与社区家长、教育专家、社区工作人员接触，为家庭教育出谋划策，并把相关信息及时传递到位。家长委员会日常可以收集社区内家长的意见，向社区提出合理化的建议；社区在进行家庭教育的相关工作时，也可以与家庭委员会进行探讨，听取家长们的意见，确保社区家庭教育工作的顺利开展。

2. 让家长参与社区工作

让家长参与社区工作，既能够让家长更加了解和支持社区的工作，也能降低社区的工作压力，还可以增进家长彼此之间的交流。让家长参与社区工作的方式很多。例如，社区在组织儿童外出时，可以让家长协助社区工作人员，做一些辅助工作；在社区组织亲子活动时，可以让家长与儿童互动，以增进家长与儿童的感情。家长参与社区工作，是无形中在家长与社区之间增添了一条很好的沟通渠道，能使社区与家庭合作的途径更加通畅。

知识测试与实践

一、知识测试

（一）单项选择题

1.（　　）教育主要是指对儿童进行社会认知、社会情感、社会行为等方面的教育。

A. 健康　　　　B. 生活　　　C. 家庭　　　D. 社会

2.（　　）是家庭最容易获得的人力支持资源。

A. 直系亲属　　B. 朋友　　　C. 邻居　　　D. 同事

（二）判断题

1. 家庭、托幼机构和社区，三方教育中任何一种类型的教育都存在自身的局限性。（　　）

2. 社区中的正式机构为家庭教育所必需，而非正式机构与家庭教育无关。（　　）

3. 让家长参与社区工作，主要目的是降低社区的工作压力。（　　　）

（三）简答题

1. 家庭与社区合作共育的目标有哪些？

2. 以社区为主导的家庭教育指导策略主要有哪些？

第五章知识测
试参考答案

二、实践题

1. 总结所在社区这些年发生的变化，以及哪些变化有利于学前儿童的发展。

2. 举例说明所在社区近期为学前儿童及其家庭提供了哪些教育资源与机会（可采用文字、图片或录像等多种形式），以及对学前儿童及其家庭有哪些意义。

第六章
托幼机构与社区的合作与服务

第六章导入

◇ **德育驿站**

　　假舆马者，非利足也，而致千里；假舟楫者，非能水也，而绝江河。君子生非异也，善假于物也。

——《荀子·劝学》

◇ **本章导入**

　　正如陶行知所说："花草是活书，树木是活书，飞禽、走兽、小虫、微生物是活书。"社区丰富的资源应成为托幼机构对学前儿童进行教育的重要内容，托幼机构在学前儿童教育上的专业性也可以更好地服务于社区学前教育。

◇ **知识目标**

　　1. 理解托幼机构与社区合作的意义。
　　2. 知道托幼机构与社区合作的内容与原则。
　　3. 熟悉托幼机构与社区良好互动的策略。

◇ **能力目标**

　　1. 能恰当地对社区资源进行开发和利用。
　　2. 能为社区学前教育提供优质服务。

◇ **素质目标**

　　1. 通过学习托幼机构与社区合作的意义与途径，树立双方合作共育的理念。
　　2. 通过掌握托幼机构与社区良好互动的策略，具备不断创新的意识与能力。

第一节　托幼机构与社区合作的意义、内容与原则

一、托幼机构与社区合作的意义

在当前多元文化激荡的社会大背景下，托幼机构应融入所处的社区环境，成为社区服务系统的有机组成部分。托幼机构与社区的合作是顺应社会发展、符合教育本质的。其意义具体如下。

（一）有利于学前儿童的全面发展

从生态学理论出发，要优化个体发展的直接的生态环境有两层含义：一是年幼的个体需要处于高质量的教育机构中，生活于重视个体发展的家庭以及资源丰富的社区中；二是各环境要素之间要形成良好的互动关系，为个体提供优质的生长与发展环境。当前，托幼机构与社区的合作不像托幼机构与家庭那么广泛，但其合作关系直接影响学前儿童的发展。根据加德纳的多元智能理论，社区蕴含着丰富的培养儿童多元智能的资源，托幼机构与社区的合作能使儿童全面、充分地利用各种适合自己的学习机会，来强化智能强项，改善智能弱项，激发潜力。

（二）有利于实现教育资源的整合

托幼机构作为专业的学前儿童教育机构，通过与家庭和所在社区的积极互动，将潜在的资源加以发展利用，能成为现实的教育力量和资源。一方面，托幼机构可以利用社区里专门的具有教育意义的设施与资源，为儿童所享用，扩大学前儿童教育的辐射范围，如通过儿童托育中心将服务延伸到 3 岁以下儿童；另一方面，社区及其他企事业单位可以给予托幼机构支持，如利用公园、图书馆等公共设施，吸引家长和热心居民、志愿者参与学前儿童教育，有利于使教育资源实现整合。

（三）有利于提升托幼机构整体质量

与社区建立良好的关系是托幼机构保育教育质量高的标志之一。《幼儿园保育教育质量评估指南（2022）》关于"评估内容"指出，坚持以促进幼儿身心健康发展为导向，聚焦幼儿园保育教育过程质量，内容主要包括办园方向、保育与安全、教育过程、环境创设、教师队伍等 5 个方面，共 15 项关键指标和 48 个考查要点。其中，教育过程包括活动组织、师幼互动和家园共育 3 项关键指标。"家园共育"指标中的考查要点之一为，幼儿园与家庭、社区密切合作，积极构建协同育人机制，充分利用自然、社会和文化资源，共同创设良好的育人环境。

儿童发展是托幼机构办园质量的重要体现，而社区资源能够弥补单一、有限的托幼机构活动场所与资源，如能够合理、有效地利用好社区内的各类资源，将为儿童的身心发展提供更为宽广的天地。托幼机构对社区资源的发掘、设计与利用，也将成为托幼机构课程或非正规教育活动的补充。

（四）有利于进行科学育儿宣传，推动学习化社区建设

托幼机构以社区为依托，对学前儿童实施正规的、有计划的早期学习与发展指导。在教育过程中，保教人员会引导和帮助家长在教育中学习如何教育，使教育延伸到家庭中去。作为社区里的专业的学前儿童教育机构，托幼机构教育的活动形式丰富多彩，可以向所在社区公众宣传科学育儿方法，能发挥示范与辐射作用，促进学习化社区的建设。社区通过托幼机构的广泛宣传和积极引导，能在社区乃至更广泛的社会中树立"科学育儿""保护与尊重儿童"的意识，营造有利于学前儿童教育发展的社会环境。

二、托幼机构与社区合作的内容

（一）托幼机构发掘社区资源，服务学前儿童教育

社区学前儿童教育资源丰富，主要有物质、人力和人文资源等。托幼机构作为学前儿童教育的主导方面，应充分发掘这些资源。

1. 社区的物质、人力和人文资源

（1）物质资源。社区的自然景物和地理环境中的花草树木、地况地貌、季节气候等都是可供托幼机构选择和利用的教育资源，为社区学前儿童提供了丰富多彩的教育素材和学习空间。

（2）人力资源。社区可供托幼机构利用的人力资源包括专业人员、热心人士、退休人员等。专业人员包括科技人员、有一技之长的人，以及从事各种职业的人；热心人士即愿意为社区学前教育贡献力量的人；退休人员等其他人员是学前儿童接触社会、认识社会、融入社会的重要媒介。

（3）人文资源。社区的传统文化、民风习俗、道德风尚、价值观念、生活方式、审美情趣、网络文化等，都为社区学前教育营造了浓厚的文化氛围，它们是托幼机构可开发和利用的重要教育资源。

2. 社区健康教育资源

社区健康资源主要有身体保健、心理健康、体育锻炼、安全防护四类资源。

（1）身体保健资源。在社区主要是社区医疗资源。每个社区都有社区医院卫生服务体系，承担着社区健康管理责任，可以为学前儿童的卫生与保健提供健康体检、疾病医疗、健康生活方式指导等健康管理工作。另外，托幼机构中一些儿童的家长从事着医疗、卫生、保健等方面的工作，他们对学前儿童健康知识、身体保护、饮食营养等都有相对专业的研究，能够在家庭健康教育以及托幼机构健康领域教育活动中发挥有效的示范作用。

（2）心理健康资源。在社区主要是社区心理资源。一方面，社区良好的自然和人文环境，能使儿童从中直观地感受到自然事物美的形态，受到积极向上的文化熏陶，容易产生轻松愉悦感，从而能更好地在社区进行活动。另一方面，在心理专业领域上，社区可以为居民心理建设提供人才、信息、场地等资源，如组织专业的心理指导团队，为学前儿童及其家庭提供多样化的社区心理服务，包括心理咨询、家庭系统治疗、团体辅导等活动。

（3）体育锻炼资源。在社区主要是社区体育资源，包括如下3类。①空间和场地资源。社区除了基本的场所设施，如锻炼广场、健身器材、绿化跑道等，还会具备一些专业性的体育场馆，如羽毛球场、篮球场、游泳馆、足球场等，能够满足儿童运动空间的需求。②人力资源，包括体育专家团队以及社区志愿者团队，他们拥有较高的体育专业理念及技术，能有效指导儿童的体育锻炼活动。③体育文化资源，它表现为社区中人们通过运动保持健康的生活方式，团结拼搏、坚持不懈的体育精神，这对培养儿童参与体育锻炼的兴趣和促进儿童运动心理的发展具有积极意义。

（4）安全防护资源。在社区主要是社区安保资源。社区通常属于半封闭管理，安保系统相对完整，具备健全的安全基础设施，如消防设备道路标识、电子监控系统、红外报警装置等，并能联系附近派出所及消防大队加强社区安保队伍建设，构建人防、物防、技防、管防等安全管理体系。这些都是托幼机构可利用的丰富的安全教育资源，有利于机构及家庭结合社区实际对儿童开展安全教育活动，提高儿童的安全意识和自我保护能力。

3.社区语言教育资源

（1）社区物质资源。社区及周边环境中的图书馆、书店、书吧等场所藏书丰富，能提供大量的图书资源和舒适的阅读环境。当儿童走进其中进行阅读时，这些资源不仅能为儿童提供活动场地和硬件设备支持，还能使儿童在借阅图书的过程中锻炼语言沟通能力。

（2）社区人力资源。社区里有来自各行各业的居民，不同的工作、阅历形成了独特的人力资源。当儿童在社区进行人际交往、沟通交流时，这些居民能为儿童提供丰富的语言交流实践机会和经验。

（3）社区人文资源。社区内居民之间的交往形成了独特的人文氛围，社区在历史沉淀中积累了深厚的文化底蕴，这些资源均能为儿童的语言发展创造良好的条件。而在社区，儿童通过观察、倾听、表达、交流这些过程，也能潜移默化地接受社区文化的熏陶。

4.社区科学教育资源

托幼机构立足于所处社区，可以从自然资源、生活资源、专业资源等方面开发利用社区科学教育资源，组织适宜对儿童进行科学教育的活动。

（1）自然资源。社区自然资源种类繁多，儿童喜欢接触大自然，对自然现象很感兴趣，这些自然资源可以作为科学教育活动的重要素材，能带给儿童极大的想象空间和探究欲望。儿童能在亲身感知体验中，调动各种感官认知，激发探索的兴趣，科学教育活动也因此会变得生动、有趣。

（2）生活资源。社区都设有一套完善的文化体育、商业服务、金融邮电、医疗单位等公共设施，托幼机构可以将科学教育活动与儿童的日常生活紧密联系起来，引导儿童关注生活中的科学，感受身边的科学。例如，与"水果"相关的科学活动，可以带儿童到菜市场认识不同种类的水果，了解水果的营养价值，观察水果的分类，在购买后品尝水果的味道，感受水果的果皮、果肉和种子等，使儿童在生活中深化对科学的感性体验。

（3）专业资源。社区内一般有具备专业科学背景的家长，托幼机构可以通过这些家长进一步挖掘专业的实验场所资源，使儿童能从专业的角度看待科学，学习科学的探究方法，拓展科学经验。另外，托幼机构可以联合社区开发利用专业团队的科学资源搭建科研平台，共同举办科技活动，为儿童科学教育活动起到延伸扩展的作用。在这一过程中，儿童可以以主人翁的身份参与活动，从中学习科学知识，感受科技产品，不断拓宽科学视野。

5.社区艺术教育资源

社区中蕴含和承载着自然美、生活美和艺术美的资源，托幼机构应带领儿童去探索与发现。社区的主要艺术教育资源类型如下。

（1）自然资源。社区内有丰富的美的事物，如成片的绿地、多样的花草、漫步的小鸟等。儿童可以直观感受自然事物美的形态，倾听自然环境中美的声音，从而激发艺术想象力和创造力。

（2）生活资源。生活中美的资源无处不在，有的社区有独具特色的建筑物，有的社区有地域特色鲜明的音乐资源，有的社区有着浓郁的民俗文化，在社区生活的儿童可以最直接地感受生活中的这些美。

（3）艺术机构的独特艺术氛围。艺术教育不仅要让儿童喜欢自然与生活中美的事物，还要让儿童喜欢欣赏多种多样的艺术形式和作品。社区周边的艺术机构、艺术馆剧院等，可以为儿童艺术教育提供多种形式的艺术资源。社团人员对艺术的热爱以及艺术创作，能够感染儿童，也可以帮助儿童了解除了专业的艺术学习，还可以有因为兴趣而组织起来的艺术活动，帮助儿童发现自己的艺术兴趣，萌发表现艺术的欲望。

（4）社区居民的多元文化资源。社区居民可能来自全国，甚至是世界各地，因此社区是一个多元文化汇聚的地方。通过开展多元文化艺术节，可以邀请来自不同地域、不同民族、不同国家的社区居民进入托幼机构分享各自独特的艺术文化，让儿童感受到多元艺术文化的碰撞，还可以在艺术活动中培养儿童的爱国之情，孕育对多元文化的包容之心。

6.社区社会教育资源

人际交往和社会适应是儿童社会学习的主要内容，也是儿童社会性发展的基本途径。社区资源中蕴含着人际交往、职业认知、行为规范和归属感等教育资源，总体来说，社区社会教育资源可以分为如下几种类型。

（1）人际交往资源。走进社区，儿童除了能接触家人和同伴，在安全的前提下，他们还可以和社区中不同的人进行交往和互动，可以习得多样的交往技巧、沟通方式及交流内容。例如，托幼机构可以带领儿童到社区养老中心慰问老人，给老人带去自制的小礼物，让儿童知道如何表达自己对他人的关心；可以让儿童聆听当地的叔叔阿姨们讲述本地的故事，以了解自己所生活的社区或城市的发展过程。在这样的体验下，儿童将收获立体而充实的人际交往经验。

（2）职业认知资源。社区是一个具有多种功能的社会小区，有着完善的生活系统，包括超市、保卫处、消防局等多样化的职业场所，以及有收银员、保安、消防员等多元的职业角色。虽然托幼机构的区域活动会创设相关的角色区，能够在一定程度上满足儿童对职业体验的需求，但是如果能在社区中近距离地体验职业，儿童将能够更加深刻而真实地感受这些职业及其对社区发展的作用，并由内而外地学会尊重为社会作出贡献的人，这能为儿童的未来种下充满生命力的种子。

（3）行为规范资源。在社区活动中，儿童需要遵守基本的行为规范，如进入小区刷卡、不踩踏草坪、不乱扔垃圾等。随着托幼机构活动次数的不断累加，行为规范将内化为儿童的具体行动。在儿童进入社区的途中也可以随机对其进行经验渗透，如让其认识社区的安全指示标志、了解社区中最新的公告、对护送大家安全过马路的保安叔叔表示感谢等，可以让规则、礼仪以及关注社区动态的习惯潜移默化地进入到儿童的心中。

（4）归属感教育资源。通过了解社区的独特之处，儿童能与社区产生紧密的情感联结。社区中的风俗习惯、节庆活动、自然和人文景观都是展现社区内涵的重要载体，如传统节日里独特的庆祝方式、社区人物雕像承载的景点故事等。所以，可以在自然环境和社区文化资源方面进行挖掘，帮助儿童积淀对社区的归属感。

（二）社区利用托幼机构优势，服务社区事业发展

托幼机构在利用社区资源发展自身的同时，还应该发挥自身作为专门教育机构的优势。社区要充分利用托幼机构资源，使其以多种形式为社区开展服务，并担负起社区学前教育指导者和推动者的责任，向社区辐射教育功能，将所有儿童融为一体，为儿童发展营造良好的社会环境。

托幼机构服务社区教育，社区应给予合作与支持。托幼机构要主动加强与社区居委会的沟通与联系，争取社区的合作与支持，召开周边居委会主任会议，请他们参观环境设施，共同制订合理的社区联系方案和计划，使托幼机构与社区的联系工作得以顺利开展。例如，社区要为托幼机构人员走进社区进行家教宣传提供通行、通知等合作与支持，为节假日托幼机构

到社区广场表演提供地点、安全保障等合作与支持。

三、托幼机构与社区良好互动的原则

（一）安全为重原则

安全为重原则是指，托幼机构在与社区进行合作共育时，要以儿童生命为本，高度重视儿童安全。例如，在安排儿童外出参观游览活动时，要制订切实可行的安全措施和预案，指定专人负责；建立完善儿童外出参观游览活动人身安全保险制度和相关配套制度；确保活动场地、设施、器材安全，要引导儿童认识安全警示标志，了解安全操作程序，培养儿童的安全意识和行为，防止意外事故发生。

（二）因地制宜原则

因地制宜原则是指托幼机构在与社区合作共育时，要结合当地的实际条件，从具体情况出发，制订符合实际的目标，就地选择适当的内容，采取妥善的措施，运用相应的方法，组织恰当的活动。也就是在组织活动时，要充分利用当地优越的地理环境、资源优势，开展各项活动，而不能为了活动，舍近求远、盲目跟风。

（三）合作共赢原则

合作共赢原则是指托幼机构在与社区合作共育时，要以合作能为双方都带来较大的利益为出发点，进行良性互动，平等互助，使彼此受益，实现共同发展。

（四）持之以恒原则

持之以恒原则是指托幼机构在与社区合作共育时，要克服困难，不断深化，构建开放、有序、务实的长效合作机制，努力使双方的合作成为教育的新常态。

第二节 托幼机构与社区良好互动的策略

一、托幼机构与社区互动中存在的主要问题

托幼机构是社区的组成部分，是社区的小环境，与社区学前教育合理结合是托幼机构工作的重要方面。但是托幼机构在与社区互动中存在以下几方面的问题。第一，互动的积极性不强。托幼机构与社区互动存在双方互动意愿不强、互动参与人员素质较低、双方互动不平等、资源利用效率较低、互动缺乏系统性等问题，尤其是农村地区。第二，社区资源未得到充分利用。当前托幼机构对社区教育资源开发利用的广度和深度不够，没有形成良好的双向互动。第三，互动缺乏系统性。《幼儿园教育指导纲要（试行）》中指出，家园社合作共育要秉持尊重平等、分享合作的原则，但目前幼儿园与社区的合作共育缺乏系统的指导和专门的规章制度。因此，双方的合作共育需要有良好互动的策略。

二、建立托幼机构与社区的合作制度

在合作制度下，托幼机构与社区之间的合作共育是以组织的目标、规范等来约束和推动的。相关内容主要如下。

（一）日常性合作社区制度

1. 成立社区学前儿童教育委员会

健全社区教育机构，构建一个能统筹、协调社区内各种教育因素的组织机构，有利于社区学前儿童教育的开展。邀请社区内街道居委会、企事业单位以及社区内各种与学前儿童教育有密切联系的职能部门和经济实体参与，充分发挥其参教、议教、资教、助教的作用，使得社区教育工作有计划、有步骤地进行。

2. 建立完善的社区学前儿童服务网络

引导家庭、社会共同参与和关心学前儿童教育，让所有的学前儿童都能健康、茁壮成长，也使托幼机构教育有良好的社区基础。

3. 成立社区托护中心

成立社区托护中心，在保教专职人员的指导下，能有效帮助社区中的双职工家庭解决儿童放学后无法看管的问题，或者解决节假日父母加班时无法照料儿童的问题等，能解除社区年轻父母的后顾之忧，做到"有托必应"。

宝宝屋

上海浦东鼓励多元主体办托育机构，引导和支持各类机构依托社区提供嵌入式、菜单式、分龄式的普惠婴幼儿照护服务。通过建立亮牌、准入、培训、考核相关工作机制，推动街镇"宝宝屋"建设。

一个"宝宝屋"试点探索在小区内居委会的文化客厅嵌入"宝宝屋"功能，小区的家长们可以经常带娃来此游戏，居民邻里互帮互助。年轻的父母可以将宝宝临时托给老师，自己处理工作或觅得一段闲暇时光；祖辈们可以临时"托娃"去看病、买菜或者是三五老友在文化客厅长廊里聊天聚会，还可以透过窗子了解孩子在"宝宝屋"的游戏情况。居委会充分挖掘和利用社区的人力资源，聘请了居住在社区内的3个有照护资质的全职妈妈作为"宝宝屋"的照护人员。

4. 建立社区儿童图书馆、玩具馆

每天定时开放，为社区儿童提供良好的学习环境，营造轻松愉快的氛围。

5. 为本社区每一个有户籍的儿童建立成长档案

儿童从出生起就应得到教育关注。教育的范围应从 3～6 岁扩展到 0～6 岁。幼教专职人员能够定期为社区家长提供正确的家庭教育指导。

6. 成立多种形式的家长协作组织

这有利于家长与家长之间建立联系，互相勉励，互相支持，家长管教儿童时不再感到孤独无助。例如，定期开展家教沙龙之类的活动，让家长互相交流自己的教育心得。

7. 成立家长巡视组

参与晨间接待、离园管理、儿童常规和教师教学常规的检查、大型活动的组织与安全保护等，使家园社区合作共育落到实处。

8.建立社区正当的投诉程序

建立社区正当的投诉程序，可有效化解幼儿园和家庭之间的矛盾，有利于家园关系和谐融洽。

（二）指导性合作制度

1.举办家长学校，召开家长座谈会等活动

密切同家长的联系，宣传科学育儿知识。面向每一个家庭提供优生优育优教方面的服务指导，从而为儿童实现生命权、生存权、发展权提供保障。

2.社区建立家庭教育辅导站

开展优生优育优教等系列辅导活动，以集中授课、登门指导、专家咨询、定期发放科学育儿资料、板报宣传以及各种娱乐活动的形式为主。

对点案例

××市首个社区家庭教育指导服务站正式成立

××市首个社区家庭教育指导服务站正式成立。该服务站设在A社区党群服务街，旨在培育和践行社会主义核心价值观，弘扬中华优秀传统文化、革命文化、社会主义先进文化，全面推进家庭教育工作各项内容落到实处。服务站占地面积七十多平方米，站内划分了家庭教育辅导角、亲子阅览图书角、亲子活动角、咨询室等区域，集家庭教育指导、心理咨询、未成年人权益保护、普法宣传等功能于一体，是A社区家庭教育主阵地。服务站的建成，打通了家庭教育服务"最后一公里"，将专业化的家教知识送到家门口，切实提升社区家庭教育水平。

（三）参与性社区合作制度

1.托幼机构利用节假日组织社区范围内的集体活动

在节假日，托幼机构可以向社区开放，组织一些娱乐活动，请社区成员一起欢度节日。例如，在元旦时，托幼机构可组织儿童用自己的美术作品为社区街道增添色彩；在植树节时，可组织儿童一起对社区的小树进行护理，并为社区种下"属于自己的成长树"。

2.托幼机构组织到社区里的一些特殊场所进行慰问和演出活动

托幼机构可组织儿童到福利院、敬老院、特殊学校等进行活动，既可推动社区的精神文明建设，也能扩大托幼机构的影响力，还有利于培养儿童的亲社会行为和健全的人格。

3.托幼机构利用社区的环境资源

利用自然环境的资源，带领儿童走进大自然，感受家乡千姿百态的景象，培养儿童热爱大自然的情感。利用社会环境的资源，带领儿童融入大社会，让儿童对书店、图书馆、博物馆、影剧院、少年宫等设施有所认识。利用文化环境资源，当社区里的腰鼓队、太极拳队、舞蹈队等进行表演时，教师可带领儿童前去观赏；当社区组织居民进行唱歌、美术、书法等比赛时，教师也可指导儿童参加比赛。还可以利用社区资源开展主题探究活动，丰富课程资源，在此基础上可以进行高质量的园本课程开发。

4.托幼机构定期开放教育资源（如玩具、场地等）供散居儿童使用

托幼机构组织专门的教育活动吸引散居儿童参加，有利于扩大托幼机构在社区中的影响，便于托幼机构招生工作的顺利开展。

📝 对点案例

幼儿园社区开放邀请函

尊敬的华达社区的家长朋友们：

你们好！为了进一步促进家园社共育，让社区幼儿熟悉我园的游戏学习环境，缓解入园焦虑，本园特面向社区未入园的小朋友举行开放活动。

1.开放对象：华达社区 0～3 岁小朋友。

2.开放日期：2023 年 2 月 18 日上午 9:30—12:00。

3.开放内容：

（1）在多功能厅观看我园介绍。

（2）家长带领幼儿参观幼儿园各个区域。

（3）开放户外沙水区、积木区、滑滑梯，进行活动体验。

（4）在一楼活动室体验主题教学活动。

4. 开放流程

入园体温检测→填写社区开放登记表→家长带幼儿参观幼儿园、到户外开放区域进行自主游戏→家长填写反馈表→家长及幼儿离园。

5. 注意事项

（1）家长入园请做好登记，带好孩子，注意孩子的安全。

（2）爱护游戏材料，在游戏结束后与孩子一起收纳整理。

（3）不要让孩子随地大小便，我园多功能厅北面设有公厕。

（4）爱护公共设施，禁止吸烟。

华达社区第一幼儿园

2023 年 2 月 10 日

5. 聘请社区中热心参与教育、关心儿童成长的有识之士作为助教

请大学教育系专家、学生做社区教育志愿者，解决当前托幼机构普遍存在的师生比例严重失调的现实问题，特别是在组织儿童外出参观游玩活动时，他们在保障儿童安全方面可以起到一定的作用。

6. 建立托幼机构和社区的网络平台

在网络已进入家家户户的时代，充分利用现代化信息资源，可以有效开展家园社区合作。网络既可以成为信息宣传栏，也可以是活动成品展示栏。

以制度建设为依托开展合作，有益于使托幼机构工作从封闭走向开放，注重家庭、社区中多种教育因素的有机联系，提高教育质量；也有益于加强地方自主性，使学前教育更好立足实际，因地制宜，形成特色。

三、托幼机构对社区资源的开发和利用

（一）托幼机构对社区教育资源的整体开发和利用

1. 开发和利用社区的物质资源

托幼机构保教人员可以经常带领儿童到社区的街道、广场、花园、博物馆等空间去玩耍，这可以激发儿童热爱自然、热爱家园的情感；带领儿童进入劳动、生活现场，可以丰富儿童对社会活动和自然现象的感性知识。

2. 开发和利用社区的人力资源

托幼机构可以定期组织儿童与家长参加开放式教育活动，通过"请进来，走出去"的方式开发、整合托幼机构的内外教育资源。例如，在六一儿

童节期间，保教人员可以和儿童一起准备一些文艺节目，在节日当天邀请家长、社区的小学生、老年文艺队等社会各界人士来共同欢庆。社区不同类型人员的表演，加上儿童自己准备的精彩节目，会使整个托幼机构洋溢在热情、喜庆的气氛中，相信在场的每个人都会记忆深刻。

3. 开发和利用社区的文化资源

托幼机构可吸取社区的优秀文化元素，将其融入课程内容，并开展相应的教育活动，有利于托幼机构的文化建设。

（二）托幼机构对社区各领域教育资源开发和利用的策略

1. 社区健康教育资源开发和利用的策略

社区健康资源丰富多彩、涵盖面广泛，但这些资源很大程度上必须要在教育目标体系下被有效开发和利用，才能形成教育资源服务学前儿童。开发和利用社区的健康教育资源，可以从以下四个方面入手。

（1）深入教研挖掘。托幼机构熟悉儿童的身心发展特点及学习方式，可以联合儿童保育和教育相关专业大学生，组建健康教育教研队伍，组织健康教育资源开发的教研活动。首先，要集思广益，围绕身体保健、心理健康安全防护、体育锻炼、安全保护四个方面的内容进行分组讨论，从不同视角尽可能挖掘可以开发利用的社区健康教育资源。对于幼儿教师而言，在资源开发上，他们比较熟悉儿童健康教育的需求，对于相关专业大学生而言，他们能够提供客观全面的社区环境资料，两者优势相辅相成。其次，要进行评估整合。对收集到的资源要进一步分类、筛选，各小组可以先判断分析资源是否适用于儿童，以及资源利用的可行性如何，通过初步整理后，可具体分析资源的特色和价值，资源适宜的年龄段、资源适用的时间和地点、资源的使用范围等，然后以图文并茂的方式对资源开发进行介绍，最后综合各小组的成果，将其整合为社区的健康资源库。

（2）建立合作，成立健康管理团队。托幼机构在开发利用社区的健康资源时，容易受到社区资源不稳定的影响，对社区资源的利用可能局限在一个班级或某一次活动。为此托幼机构与社区健康资源相关的部门机构，如社区医院、物业管理、安保处，可以签订长期合作协议，建立实践基地，取得稳定的健康管理战略伙伴关系，实现优质资源共享。托幼机构还可以结合自身的课程，有针对性地联合健康管理团队成员进行深度合作，共同策划合作项目，具体落实资源利用形式。例如，可以根据不同年龄段儿童的特点，制定健康资源开发和利用的总方案，开展系列基地共建活动。

（3）加强培训，提升教育理念。健康教育课程涵盖儿童的身心发展、生活卫生习惯、生活自理能力、饮食和安全等多个方面，并且渗透于儿童一日生活中。托幼机构保教人员及家长虽然都具备健康教育的意识，但在健康教育理念以及实践指导的专业性上都比较薄弱，主要表现为忽视心理健康教育，对一日生活中的随机健康教育关注度不够，对儿童过度保护而出现包办代替等。因此，托幼机构有必要借助健康管理团队的专业力量，为本机构保教人员及家长组织高质量的健康教育培训。注意在培训时，要选择适宜的培训主题，采取多样的培训形式，组织有效的培训反馈。

（4）综合运用，优化健康课程体系。专业而系统的健康教育培训，有助于夯实保教人员及家长群体的科学健康理念基础，加深对健康领域课程的理解。因此，托幼机构在建设健康教育课程时，要增加健康管理专家团队，以及各班儿童中的专家型家长，借助社区健康教育资源，优化已有的健康教育课程，如可以丰富日常健康主题活动内容，创新特色健康活动类型。

2. 社区语言教育资源开发与利用的策略

语言具有双重意义，它既是一种凝缩的符号，又是一种社会的调节。《幼儿园教育指导纲要（试行）》指出，应"支持、鼓励、吸引儿童与老师、同伴或他人交谈，体验语言交流的乐趣"。以图书馆为主的社区语言教育资源开发与利用的主要策略如下。

（1）体验并挖掘可利用的资源。①提前了解场所情况。托幼机构可以利用家长资源，提前了解社区图书馆的环境、布局和功能，并通过实地感受收集可利用的社区语言教育资源。②沟通了解活动中的资源。托幼机构可与图书馆人员详细沟通，在现场活动时场馆可提供的物质和人力等资源支持，以挖掘和开发更多的语言教育资源。③利用特色资源。例如，托幼机构可以设置专门的亲子借阅室，邀请图书馆提供内容丰富、具有教育价值的儿童图书，供儿童阅读。④利用社区家庭闲置资源。各班在班级中可以设置"共享图书"专柜，借助家委会的力量和儿童家庭闲置图书，在班级、年级内进行交换阅读，提高图书使用率，丰富儿童阅读量。

（2）整合可利用的资源，构建方案框架。托幼机构在语言教育活动中，可从微观层面了解儿童的语言发展现状和兴趣水平，提高社区语言教育资

源挖掘的敏锐度。托幼机构各级管理人员要把控全局、统筹分配，通过年级组教研和全园研讨等形式，汇总社区可供利用的语言教育资源，既要对儿童在机构的成长规划出整体的活动方案，还要考虑在利用社区语言教育资源中可能遇到的问题。可以与图书馆等场所深入沟通，综合制定不同年龄段和班级语言教育活动的整体方案，实现不同年龄段班级活动目标与形式的层级递进，循序渐进地开展形式多样切实可行的语言活动。

（3）精准实施活动，并不断完善。活动开始前，托幼机构与社区资源提供负责人积极对接，使活动计划得以顺利实施。活动结束后，活动班级要及时进行总结反思，并积极主动地向资源提供方进行反馈，使活动持续改善。整体来讲，活动开展需要注意以下三个方面。①目标要精准。要根据不同年龄段儿童的认知特点，发展现状和兴趣，整体规划总目标，在教研活动后各班再根据实际细化目标，使班级活动目标更有针对性。②内容要精准。儿童对活动的需求存在差异，活动内容的整体构建应充分考虑内容的适宜性、趣味性、实用性，能吸引儿童的参与、探究愿望，并能运用于实际生活中，让儿童终身受益。③形式要精准。要结合儿童的阅读习惯和方法采用不同的形式。例如，在班级内通过评选"阅读小达人"，深化儿童对阅读的热情；教会儿童使用社区的图书查询系统，做图书管理员等。

（4）延伸拓展，不断深入。①结合活动需要，提前储备经验。托幼机构可以根据活动需要，邀请图书馆等场所的工作人员、志愿者等走进托幼机构，通过图片、视频等丰富的形式介绍场所的环境布局、资源情况等，以帮助托幼机构更有针对性地作活动预设，也可帮助儿童了解场馆。②结合活动开展，进行多样的亲子活动。每次社区活动结束后，教师可以引领家长和儿童围绕活动主题，开展相关亲子活动，帮助儿童将经验和知识不断内化，使活动空间逐渐从托幼机构拓展到家庭、社区。③结合活动结果，提升共育能力。教师应及时捕捉儿童活动的需要，不断调整和完善班级活动计划、策略。托幼机构应及时组织相关教研总结，以不断提升活动开发、设计和组织实施能力。

3. 社区社会教育资源开发与利用的策略

在进行社区社会教育资源开发和利用的过程中，托幼机构需要思考社区资源与自身教育需求之间的关系，可从教育目标、社区特色、红色资源等方面探索。

（1）明确教育目标，筛选适宜的教育内容。开发社区社会领域教育资源，有助于实现的教育目标主要是：愿意与人交往；具有自尊、自信、自主的表现；关心尊重他人；遵守基本的行为规范；具有初步的归属感。基于以上目标，托幼机构可以对社区资源进行筛选，选择适宜的社会教育资源。例如，社区中各行各业的人员、专门化的场馆、社区公民需要遵守的基本行为规范，特有的景观、文化等，都可以成为托幼机构开发和利用的社区社会教育资源，因为这些资源在托幼机构不能完全涵盖，但对于儿童社会性发展又是必需的。

（2）定位社区特色，创设具有特色的教育活动。例如，可以针对社区这些年的发展和变化，以及儿童希望了解的问题开展社区调查活动；可以结合社区教育实践基地开展体验类活动；可以开展结合社区特色的亲子论坛活动等。

（3）挖掘红色资源，拓展爱国主义教育形式。爱国主义教育是儿童社会领域教育不能忽视的一部分。党的二十大报告中强调："弘扬以伟大建党精神为源头的中国共产党人精神谱系，用好红色资源，深入开展社会主义核心价值观宣传教育，深化爱国主义、集体主义、社会主义教育，着力培养担当民族复兴大任的时代新人。"[①] 为了让儿童爱国主义教育落到实处，从社区物质资源看，托幼机构可以挖掘社区中的红色景点、国防教育基地，以及爱国主义教育基地为儿童提供实操的机会，如参观军事博物馆，开展与武警部队联谊等活动。从社区人力资源来看，托幼机构可以邀请社区相关人员讲授祖国的历史、国家的科技发展等。例如，可以邀请退伍军人给儿童讲新中国成立前后的各种人物故事，可以邀请参与新时代建设的工程师分享科技创新的艰难过程，使儿童为祖国而感到骄傲，对为祖国作出贡献的英雄和杰出人士产生尊敬感。

对点案例

社区资源巧利用 社会实践增见闻

我园地处老城区，有着得天独厚的社区资源：身怀绝技的"非遗"

---

① 习近平. 高举中国特色社会主义伟大旗帜 为全面建设社会主义现代化国家而团结奋斗——在中国共产党第二十次全国代表大会上的报告 [R]. 北京：人民出版社，2023: 50.

手工艺匠人；代表着历史与渊源、民俗与人文的建筑物；特有的历史典故和承载地方特色的传统"老物件"……这就使得我们的教育教学工作能够扎根于传统文化的氛围中。本学期大班的社会实践活动结合课题《利用老城区社区资源，培养幼儿传统文化自信的实践与研究》来开展，让我们传统文化的传承全方位、全学段、全过程融入幼儿园教育，培养幼儿的文化自信。

大班社会实践活动为参观文化馆——小公园行业一条街。馆前的三组雕塑，每组都有一个小故事。通过参观文化馆，讲解员会告诉幼儿文物背后的小秘密，使幼儿了解历史，了解我们的曾经。通过到小公园里逛一逛，幼儿可以进一步了解我们生活的老城区，在熟悉的环境里，我们可以发现，老城区正在发生新变化。相信在大家的共同努力下，小公园历史文化街区一定会越变越美！

4. 社区科学教育资源开发与利用的策略

（1）建立资源库，整合优质资源。托幼机构要收集社区有关儿童科学教育资源的信息，然后结合儿童的发展水平及科学教育活动开展的需要，进行资源的开发，形成儿童科学教育资源库，为科学教育活动的顺利开展奠定基础。

（2）通过"请进来""走出去"充分利用资源。在"请进来"方面，一是组建家长志愿者队伍，运用他们的专业优势、技能爱好，协助宣传和组织本班儿童的科学教育活动，在一定程度上弥补教师的不足，还能带给儿童新鲜感；二是结合社区资源，策划开展大型的科学探究活动，提供科学探索的平台，创设科学情境，使儿童在活动中能欣赏科技产品，能积极动手动脑，和同伴合作探究。在"走出去"方面，托幼机构可以将儿童科学教育延伸到社区，让儿童在社区中亲身体验，这种方式更符合儿童的具体形象思维。在具体形式上，可以是与自然对话，让儿童亲近、接触自然，观察和发现自然现象，探索科学规律；可以是体验生活中的科学，如通过商品采购，认识各类商品、货币，了解买卖，让生活与科学融为一体；可以是参观实验基地，如儿童在花卉研究中心感受大棚与室外温度的区别，了解温度对植物生长的作用等。这种类型的活动可以很好地解决托幼机构教育资源的局限性，使儿童可以运用多种感官，在真实的环境中自发参与、自主学习，丰富自己的科学经验。

5. 社区艺术教育资源开发与利用的策略

社区中所蕴含的艺术教育资源极为丰富，托幼机构需要充分发挥这些资源，为儿童艺术教育所用。开发和利用的主要策略如下。

（1）集各人员智慧，全面挖掘社区艺术教育资源。每位教师对事物的敏感度不同，捕捉到的资源类型就会有所不同。托幼机构要将所有教师的智慧汇集在一起，把社区中可以开发的资源尽可能地挖掘出来。另外，托幼机构要将生活在社区中的居民作为挖掘艺术教育资源的重要力量，因为居民的感受和经历是最直接深刻的。

（2）整合社区艺术教育资源。经各人员收集的资源并不系统，不便于艺术教育活动开展使用，所以托幼机构需要对资源进行整合。这就需要从顶层进行设计整理，可以先对所有资源进行一级分类，如自然环境资源、院系资源、社团资源、多元文化资源等，然后再将这些资源归类到音乐、美术等具体领域中，最后进一步细化到每一种活动类型中，如音乐欣赏。在分类时，还可以利用图片、文字详细介绍这些资源。如此建立一个条目分明的艺术资源库，便于开展艺术教育活动时提取和使用。

（3）设计利用社区艺术教育资源。在教育总目标及艺术教育领域目标的统领下，托幼机构要制订社区艺术教育资源开发和利用的总体方案。结合教师资源利用能力不足的情况，托幼机构可以先对教师进行相关的能力培训。结合托幼机构的总体方案，幼儿教师可以和家长、社区志愿者一起设计具体的活动内容。教师可以在一个学期或者一个学年里围绕一个或多个主题展开设计，将子活动和所需资源建立成一个关系网，并设计一个计划图，如主题的选择、目标的定位、子活动的设计、资源的筛选、延伸活动等。

（4）灵活采用教育活动形式。针对资源不稳定和部分资源不能被使用的情况，托幼机构可以通过社区居委会的支持，与艺术机构、艺术社团等制订长期合作的协议，并建立实践基地。艺术机构和艺术社团的老师、学生可以为托幼机构提供艺术教育方面的专业支持，托幼机构也可以为学生提供实习基地。建立稳定的合作关系后，可以采用"请进来"和"走出去"的形式。一方面，艺术机构和艺术社团的老师、学生可以担任"教师"的角色，为儿童带来丰富的艺术感受，也可以邀请他们参与机构的艺术活动并提供指导，如设计音乐会的节目、舞台、道具，引导儿童进行艺术作品的

创作等。但要注意他们不是专业的"幼儿教师"，也就是说托幼机构教师和这些"教师"要充分展现自己的优势，托幼机构教师要支持和帮助这些"教师"顺利开展艺术活动。另一方面，托幼机构可以组织儿童走出去，亲身感受那些不能搬进托幼机构的艺术，如到社区公园欣赏植物、到美术馆看画展、到音乐厅看表演等；可以到艺术社团参与社团活动，让儿童体验社团人员对艺术的追求；可以参与不同民族的节日欢庆，感受不同民族的艺术。

四、托幼机构为社区教育提供优质服务

（一）在文明教育上发挥示范引领作用

一所好的托幼机构可以成为社区精神文明的标志，对社区的精神文明建设起示范引领作用。托幼机构作为社区的组成部分，应以提高自身的文明程度，为树立社区的精神文明形象作贡献，如美化园内环境、提高工作人员的素质、培养儿童良好文明习惯等。托幼机构也可以将社区生活和自身的教育活动结合起来，如可以开展环境教育，引导儿童参与废物利用、节约用水用电、爱护公共卫生等活动，以积极推动社区环境保护，使儿童在活动中受到教育、提升素质，促进社区精神文明的发展。

（二）开放教育设施，与社区共享

托幼机构处于社区学前教育的中心，拥有齐全的儿童教育设施、设备。托幼机构可以开放这些物资，适时适度地面向社区儿童、家长，为居民提供便利条件。例如，以玩具图书为依托，建立"玩具图书馆"，在节假日、双休日等定期面向社区儿童及其家长开放，让他们共享托幼机构的这些教育资源，使未入园儿童能提前体验集体生活，使已入园儿童能更好地适应集体生活，并增强社区儿童的愉快体验。

（三）发挥教育专长，服务社区学前教育

托幼机构不仅拥有完备的硬件设施和环境，还拥有经验丰富的专业师资力量，能有计划、有组织地开展教育活动等。因此，托幼机构可主动为社区学前教育提供服务。例如，针对社区3岁以下儿童，托幼机构可以通过亲子活动，指导家长了解儿童成长的特点，普及科学的养育知识，引导家长将教育渗透在一日活动之中；可以指导家庭制作游戏玩具，引导家长利用生活中的各种资源对儿童进行教育；可以为亲子园儿童定期进行体格检查，

并提供儿童卫生和保健指导等。

（四）发挥场所优势，为社区小学生提供服务

在条件许可的情况下，托幼机构可以帮助解决社区内小学生中午用餐的问题，可以专门开设"家庭小饭桌"，收取低廉的餐费，让小学生在托幼机构中临时用餐和午休，以解决一些家长的后顾之忧，同时扩大托幼机构在社区的影响力。

社区早教中心

我们发现在幼儿园附近的小区里时常看到非常让人忧心的场景，因为我们地处三环外，附近小区大部分为失地农民以及外来人口，不少1岁以下的孩子都由老人看护，一般只是推着车出来遛遛，因为担心孩子的安全问题，不敢让孩子走出儿童车接触大自然，更谈不上教育孩子。基于这些原因我们成立了社区早教中心。

成立社区早教中心以来，在社区的合作下、家长的支持下，很多家庭及孩子走出了教育误区，最让我们印象深刻的是轩轩。我们第一次见到轩轩的时候是在四月的一天下午，那天阳光明媚，轩轩的外婆用儿童车推着他，轩轩懒懒地躺在儿童车里一动不动。在我们简单地了解轩轩的情况后，让我们惊讶的是，轩轩还有两个月就两岁了，可是还不能平稳地走动。听外婆介绍，轩轩出生时营养不良，导致动作发展不好，家里人担心轩轩受伤一直把轩轩"保护起来"。轩轩的外婆听说这里有早教中心，希望能得到帮助。

我们分析了轩轩到今天还不愿意走路的原因，主要是先天的体弱、后天的运动缺失及家长过度保护。我们在和轩轩的外婆沟通之后，外婆很认同我们的观点，轩轩家人也都乐意配合我们的指导。我们安排了每天上午和下午各一个小时，对轩轩进行平衡和四肢协调练习，并且破解轩轩胆小不敢接触周围事物的问题。就这样在轩轩家庭的配合下，通过三个月的反复引导，轩轩大胆地走出了第一步、第二步、第三步……轩轩从不愿走出儿童车到大胆在平坦的草坪上走起来，接触周围事物。而我们也感到无比欣慰和幸福。

五、幼小衔接中的合作共育

针对幼小衔接中出现小学化、表面化等问题，幼儿园既要做好自身对儿童的保教工作，也需与所在社区的小学进行合作共育，还要做好家长指导工作。

（一）幼儿园教师在日常教育中的主要事项

1. 使生活环境逐渐向小学靠近

适当更改大班末期的作息制度，如缩短午睡时间，延长教育活动时间，逐渐增加"上课"或智力活动次数等。教室环境适当向小学靠近，改变课桌的摆放，以利于儿童集中注意力。另外，还可开展一些与小学学习有关的常规训练，如自己背书包上学、不迟到、生病要请假等。

2. 逐步调整教学方法和形式

大班末期，幼儿园适当减少游戏和户外活动，增加看图书、做手工等安静活动，适当减少游戏，读写等直观方法，多进行口头教学，如猜谜语、找错等，引导儿童思维由具象向抽象过渡。

3. 提高儿童的规则意识和社会交往能力

通过日常生活活动培养儿童理解各个活动的规则，帮助儿童掌握执行规则的能力，鼓励儿童在活动中发现规则，并认识到没有规则带来的后果（如不整齐、意外伤害等）。通过让儿童认识任务的含义，意识到教师或成人的信任，培养儿童乐意接受任务的意识，帮助儿童在实践中学习并掌握完成任务的本领。培养儿童的交往能力应从小事做起，如引导儿童学会谦虚、有礼貌，不大声喧哗，不与小伙伴抢玩具等，这些事情看起来很小，却有利于创造友好合作的氛围，有利于增强儿童的交往能力。

4. 培养儿童的学习适应能力

儿童进入小学后，学习会成为其主要活动，以读、写、算为主。但是幼儿园千万不能进入让儿童提早接受具体课本知识的误区，要注意儿童的学习兴趣、学习热情、学习专注性和持久性的培养，如让儿童在限定时间内完成绘画、剪纸、书写等活动，主要是使儿童集中精力做好一件事，并能够坚持一段时间，以利于儿童以后能适应入小学后上课的时间要求。又如，多给儿童讲一些故事、童话、诗歌等文学作品，培养其静坐与倾听的习惯，为入学后进行正规系统的学习打好基础。

（二）幼儿园与小学的双向互动

要使儿童能够尽快地适应小学的新生活，幼儿园和小学应进行衔接。幼小衔接不是简单的幼儿园向小学靠，也不是小学向幼儿园靠，而是双方都向儿童靠，双方要彼此沟通，既要保持各自的独立性、特殊性，又必须同时保持连续性，共同为儿童的发展创造最大的可能性。也就是说，这种衔接是双向的。

为消除儿童入学的紧张心理，增强入学后的适应能力，国外教育界一直都很重视幼儿园与小学之间的相互联系和合作。美国要求幼儿园保教人员和小学教师要相互深入了解双方教育对象的心理发展水平和特点，幼儿园的保教人员可以担任小学一、二年级课程教学，小学一、二年级教师也可以担任幼儿园工作，这种了解与合作有利于开展衔接工作。瑞士和英国将幼儿教育与小学低年级教育结合或合并为一个教育阶段来考虑，而且在环境布置、课程设计、教师培训等方面都围绕创设一个整体的、连续的、发展而协调的学习环境来进行。日本的小学组织大班儿童以书信、绘画形式向小学一年级学生报告学习情况，一年级学生给予指导，或开展共同内容的单元活动，或一起参加节庆活动。在德国，大班儿童在教师带领下经常到小学参观，访问一年级学生，听他们介绍上学情况。一年级学生也由教师带领定期访问幼儿园，跟大班儿童一起交流。为加强幼小衔接工作，幼儿园和小学教师都要认真研究儿童身心发展的特点、规律及教育方法，正确认识两种学习阶段在教育上的不同特点。在教育中既要照顾到儿童身心发展的阶段性，也要考虑到连续性，对儿童采取适当的教育方法，减少因教育环境的差异给儿童入学后的生活带来消极的影响，帮助儿童顺利地由幼儿园阶段向小学阶段过渡。

幼儿园教育与小学教育的比较

知识测试与实践

一、知识测试

（一）单项选择题

1. 社区身体保健资源主要是指社区的（　　　）。

A. 医疗资源 　　　　　　　　B. 图书馆资源

C. 安全防护资源 　　　　　　D. 空间和场地资源

2. 托幼机构在与社区合作共育时，要克服困难，不断深化，构建开放、有序、务实的长效合作机制，努力使双方的合作成为教育的新常态，这属于（　　　）原则。

A. 因地制宜 　　B. 合作共赢 　　C. 力促合作 　　D. 持之以恒

（二）判断题

1. 社区社会教育资源主要有人际交往资源、职业认知资源、行为规范资源、归属感教育资源、体育锻炼资源。（　　　）

2. 托幼机构组织专门的教育活动吸引散居儿童参加，有利于扩大托幼机构在社区中的影响。（　　　）

3. 幼小衔接主要是要求幼儿园主动与小学进行联系，使儿童快速适应小学生活。（　　　）

（三）简答题

1. 托幼机构与社区的日常性合作制度主要有哪些？

2. 托幼机构为社区提供优质服务的途径有哪些？

第六章知识测
试参考答案

二、实践题

1.结合所在社区实际，设计一个托幼机构利用社区资源开展教育活动的方案。

2.围绕某一节日，撰写一个社区联合托幼机构共同开展亲子活动的邀请函，邀请社区内的适龄儿童及家长参与活动。

第七章
家园社三方合作共育的模式与经验

第七章导入

◇ **德育驿站**

　　合抱之木，生于毫末；九层之台，起于垒土；千里之行，始于足下。

　　　　　　　　　　　　　　　　　　　　　　——《老子》

◇ **本章导入**

　　在对学前儿童的培养中，我们需要建立起家庭、托幼机构、社区"三位一体"的教育共同体。该教育共同体的建立，有助于补充托幼机构系统化教育中的德育和个性化教育，有助于激发新型的家庭教育与社区教育模式的形成。实践当中已形成一些家园社合作共育的范式，也有一些典型的案例值得借鉴。

◇ **知识目标**

　　1.知道家园社三方合作共育的主要模式与观点。
　　2.理解家园社三方合作共育的实践范式。
　　3.理解家园社三方合作共育的实践经验。

◇ **能力目标**

　　1.能简述家园社三方合作共育的一些范式。
　　2.能查找家园社三方合作共育的相关案例。

◇ **素质目标**

　　1.通过对家园社三方合作共育的学习，强化合作共育的理念。
　　2.通过对相关案例的查找与总结，具备与时俱进、关注社会发展的意识。

第一节 家园社三方合作共育的主要模式与观点

一、家校社三方合作共育常见的两种模式

家庭、学校、社区"三位一体"的儿童协同教育共同体以社区为中介，一方面，从宏观层面上组织协调社会政治、经济、文化等各方面力量（如民办文化辅导学校、城市文化设施、体育娱乐活动、教育法律政策等）；另一方面，从微观层面上依托于良好的家校合作所产生的教育合力，借助学校教育资源和家庭社会资本，以创设与开展儿童社区实践辅导站、儿童社区之家、亲子教育等多元形式，实现教育从学校"走出去"（把儿童教育的区域扩大到学校和家庭之外的社会，把教育对象扩大到儿童的父母及其家庭成员）到"请进来"（把儿童及其父母吸引到社区并参与社区教育活动）的过程。这主要包括以学校为主体的家校合作模式和以社区为主体的学习型社区模式。

（一）学校为主体：家校合作

现代教育规律普遍表明，学校教育必须与家庭教育、社会教育相结合，这是造就培养儿童的必要条件。因此家庭教育在整个国民教育系统中扮演着重要角色。从家庭教育与学校教育的关系来说，家庭教育的好坏、水平的高低直接影响着学校教育的质量，可以说家庭教育是学校生存发展的关键环节。

以学校为主体的家校互动模式直面并且尝试解决教育合力过程中的问题。这种互动模式的实质是对家庭教育中有配合意义的教育因素给予开发和利用，以配合学校教育目标的实现，共同促进儿童健康成长和发展。在学校、家庭协同育人模式中，学校是居于主体地位的，通过与家庭建立广泛的互动与联系，对家庭教育给予积极的指导，着重强调以下几个方面：指导家长掌握科学的育人方法，切实提高家长的教育修养水平；向家长介绍学校的教育目的以及教育任务，让家长理解认同学校的教育理念、原则和方法以及学校教育情况，使学校教育与家庭教育目标达成一致，寻找到最佳家校结合点，让家长了解学校办学目标，做到学校、家庭、社会、教师、

家长同心、同步；将教育的重点放在儿童的德育问题上，高度重视儿童的思想品德教育，让家长关注儿童良好品德的培养和行为习惯的养成；教育家长如何正确而富有耐心地辅导儿童等。

（二）社区为主体：学习型社区

1. 学习型社区的概念

学习型社区是以社区为依托，以社区终身教育为基础，有效整合社区资源，创设各具特色的学习氛围，保障和满足社区各年龄阶段的学习者的学习权利和终身学习需求，从而促进社区成员全面发展和社区可持续发展的新型社区。学习型社区是社区教育的发展目标，也是传统经济向学习化社会和知识经济发展背景下社区的发展方向。

◎ **小贴士**

学习型社区最早出现在欧洲终身学习计划中，被定义为："一个城市（地区、乡镇）的发展超越了提供公民所需教育与训练的法定权责，进而通过提供学习机会，创造一个充满生机的、参与性的、具有文化与经济活动的环境，以提高全体市民的潜能。"

2. 学习型社区的构建策略

20世纪90年代初期，随着终身学习理念的广泛传播，经济合作发展组织（OECD）在终身学习领域开展了积极的探索，并致力于推动学习型社区运动的发展。1992年，OECD在瑞典召开学习型社区会议，将学习型社区问题置于国际公共议程，并探讨了澳大利亚、美国等典型的城市在构建学习型社区上作出的努力。1997年，OECD教育研究与创新中心在法国、西班牙等六个国家启动了学习型社区示范工程，丰富了学习型社区的理论和实践，随后，英国、意大利、芬兰和葡萄牙也纷纷开展构建学习型社区活动。在我国，发达城市的学习型社区相对成熟，一些学者在对学习型社区建设作了深入研究后，提出了以下五个构建策略。

（1）目标策略。实施目标策略的目的就是建立共同愿景。建设学习型社区必须确立社区成员共同认可的社区建设目标，并且以目标为引领，鼓励社区成员积极参与社区建设，营造积极向上的社区学习文化氛围。在社区文化教育的活动和课程设置上，社区工作者应该广泛考虑社区和居民的真正需要，通过开展多样化的课程与活动，满足人们日益增长的学习需求，激发社区成员的学习动机，使全体居民确立共同的学习愿景。

（2）组织策略。建设学习型社区需要解决领导管理体制问题。学习型社区的建设必须充分发挥政府的主导作用，尤其是教育行政主管部门要抓好教育建设工作，但社区的自我管理、自我教育和自我服务的功能不可忽视，学习型社区必须健全社区居民委员会、社区代表大会等社区机构的运作机制，提高社区管理工作的专业性和规范性。

（3）教育策略。在学习型社区建设中，建立家庭、学校、社区"三位一体"的儿童协同教育共同体是做好社区教育工作的重点。社区教育的服务对象不应当只局限于青少年，学习型社区强调保障和满足社区全员的学习权利和学习需求，因此必须扩大社区教育的对象，优化配置教育资源。

（4）人才策略。学习型社区建设仅依赖专职社区管理人员和教育工作者是不够的。社区建设机构应该充分挖掘社区人才资源，鼓励企业界人士、专家学者、离退休干部等参与社区建设，共同为社区建设出谋划策。

（5）资源策略。社区往往蕴含着大量的文化教育资源，既有显性的文化教育资源，如托幼机构等教育机构，又有隐性的文化教育资源，如社区传统文化等。社区要善于挖掘和整合社区文化教育资源，提高资源利用率。

二、关于家庭、幼儿园和社区在学习型社会建设中的三种观点

家庭、幼儿园和社区都承载着培养人的使命，关于它们在学习型社会建设中的地位、作用及其相互关系，目前主要存在三种观点。

（一）幼儿园中心论

这种观点认为，幼儿园是有目的、有组织、有计划地对受教育者施加全面身心影响的专门机构，因此它在学习型社会建设中发挥着主导作用，应将幼儿园当作社会教育资源的核心，通过幼儿园将家长、儿童、教师和整个社区紧密结合起来。

（二）家庭基础论

这种观点认为，作为社会构成基本单元的家庭及其家庭教育在个体成长与社会发展中发挥着重要作用，一定意义上已成为幼儿教育乃至整个教育体系的基础。只有发挥家庭与家庭教育的核心引领作用，才能真正实现家庭、幼儿园与社区和谐发展与社会整体进步。

（三）社区融合论

这种观点认为，社区才是社会的基本构成要素，建设学习型社会首先要建设学习型社区，应以社区为依托整合社区内一切教育资源，努力创设各具特色的学习氛围，保证和满足社区所有成员的学习权利和需求，在社区内形成全员、全程、全面的学习局面，从而促进社会成员全面发展和社会可持续发展。

理论上讲，在学习型社会建设过程中，三者是独立的主体，各自发挥着不同的作用，又统一于整个教育体系之中，它们之间相互影响与依存，体现出辩证统一的关系。因此，很难静态而绝对地说哪种教育占主导地位。从政策上看，我国的政策目标是推进"以社区为基础的整合性早期服务网络"，即社区融合论。近年来我国一些城市已经推行一些学前教育管理体制改革措施，在一定程度上推进了学前教育系统内部的体制变革，但其中条块分割的体制关系使我国在实现"以示范性幼儿园为中心整合社区资源的整合网络"这一目标时面临种种困难。国外相关经验表明，当以托幼机构为主体进行整合运行时往往存在力度不够的问题。因为整合力度不仅取决于专业上的权威地位，还依赖于整合主体在社区中的地位。因此我们可以分两步推行"以社区为基础的整合性早期服务"的政策：第一步，完成以社区为依托的、以示范性幼儿园为中心的整合性早期服务机构的目标；第二步，完成以社区为基础的、以示范性幼儿园为中心的整合性早期服务网络的目标。

学习型组织
理论

第二节　家园社三方合作共育的实践范式与经验

一、家园社三方合作共育的实践范式

（一）以幼儿园为主导的管理机制

以幼儿园为主导的合作模式，即幼儿园依托并发挥社区内的各种力量（乡镇政府、企业、大学、中小学等），组成以幼儿园为核心的园内外相结合的幼儿教育网络，开展并实现幼儿园与家庭、社区之间的合作。幼儿园作为专职的幼儿教育机构，有大批具有幼教专业知识的保教人员，有专门的幼教场所及丰富的玩教具。在开展幼儿园—家庭—社区的合作时，幼儿园独具优势。管理的机制作用一般来说是系统整体运作。其管理机制由四个内在性要素构成，即教育行政部门、社区、家长、幼儿园。为了有效地实施合作共育，就必须协调好这四者的关系，因此需要建立科学规范的管理机制。以幼儿园为中心的管理机制主要如下。

1. 成立家长委员会

家长委员会，由全体家长会推选的委员或由园所提名经全体家长会通过产生的委员组成。家长委员会应和园所领导共同研究家长工作规划，检查推动园所工作。其主要任务是：帮助家长了解园所的教育计划和要求，协助园所改进工作提高教育质量；及时反映家长对园所的意见建议；根据家长需求举行专题讨论会；组织优秀家长交流家庭教育的经验等。家长委员会成员应具备这样一些条件：关心幼儿园的工作，热心为家长服务，在家长中有号召力和影响力，如能有一定的社会关系则更好。

2. 确定与社区间的定向联系制度

一方面向社区领导汇报幼儿园发展中的经验与问题，如邀请社区内街道居委会、企事业单位，以及社区内各种与幼儿教育有密切联系的职能部门和经济实体参与，充分发挥其参教、议教、资教、助教的作用；另一方面，提出幼儿园参与社区精神文明建设的活动计划，如协助社区开展群众性的文体活动，争取社区的领导、监督和合作。

3.欢迎家长及社区人员参与监察工作

现在有许多家长工作时间都比较灵活，他们都有一定的管理能力，对幼儿园的管理也很关注。因此，幼儿园可以把他们组织起来，参与晨间接待、离园管理、幼儿常规和教育常规的检查、大型活动的组织与安全保护等，使家园社区合作共育落到实处。

（二）3岁以下儿童教养机构与社区合作的实践范式

3岁以下儿童早期教养机构是在与社区的密切合作中开展工作的，并为社区家庭提供各种育儿支持与服务。

◎小贴士

早期教养机构是以社区为依托、对3岁以下散居儿童及其家长进行教育和指导的一种社区早期教育形式。它以亲子活动为主要组织形式。

1.服务的内容

一直以来，社区针对3岁以下儿童的早期教养的服务内容秉承了医教结合、早期干预的宗旨，为社区家庭提供了早期发现、早期诊断、早期干预及康复训练等服务项目，大量特殊儿童家庭与儿童从中受益。然而，现今儿童家庭的类型多样，祖辈育儿的现象突出，父母教养意识淡薄，因此，增强家长的父母角色意识并鼓励其积极参与育儿过程将成为社区早教公共服务的重要目标。家长参与社区育儿项目将有助于其学习如何与儿童沟通、进行高质量的亲子互动、从社区公共政策中受益；同时，家长也能建立自我价值感和自我效能感，从而获得更多技能，进而促进儿童身心发展。

（1）助力宣讲父母参与教育的作用。社区早期教养机构需要加大宣讲力度，帮助家庭拓展"父母参与"的内涵，从以往的仅仅是了解社区公共服务政策与项目以及让父母参加公开活动、安排时间在家庭中开展适宜的亲子活动，转变为将家长自身也视为发展中的个体，实现共同发展的战略目标。

亲职教育与亲师行动

（2）提供更专业的指导服务。社区育儿指导者或咨询者与社区家庭之间的关系若紧张，将为咨询指导工作带来很多阻碍。①家长获得的社区公共服务是免费的，家长可能质疑免费服务的质量，以及工作人员的专业性；②各个家庭的结构与文化氛围不同，祖辈家长参与育儿的程度不同，受教育水平也不同；③社区家庭对个性化服务的需求在不断增加，导致社区科学育儿指导与咨询服务工作的难度大大增加，可能政策绩效也不明显。因此，社区应该制定相关政策，鼓励从事社区科学育儿指导的人员接受亲职教育相关培训、亲师交流策略培训，并学习如何尊重与欣赏每个父母，尊重每个家庭的文化。

（3）强化家长参与社区建设的主动意识。虽然大部分社区公共服务免费或者低收费对社区家庭开放，但社区家庭依然是有效消费者。社区的公共服务应该鼓励社区家庭为社区能够建设高质量的社区育儿指导与咨询体系出谋划策。因此，可以从"家长赋权"的角度让父母参与社区项目的策划、组织、实施与决策。家长委员就是一种家长参与策略。

2.服务的主要模式

（1）"政府主导、社区参与"的服务模式。从某种角度上说，只有政府通过制定与实施相应的公共政策，才能够有效指导并支持社区家庭科学育儿。因此，政府需要在早期教养事业中发挥根本性作用。但是，政府对早期教育事业可投入的预算十分有限，而且仅仅关注社会弱势群体，并不能满足各收入层次家庭的切实需求。另外，家庭收入水平的高低并不是体现家庭教养环境质量的唯一指标。因此，在社区层面，合理利用社区资源，在社区参与和政府主导之间创建合作机制与工作平台，将有助于在更大范围内推广与扩展"科学育儿"指导与咨询服务，使更多社区家庭从中受益。政府需要在引入民间资源的同时明确，公共投入应该对早期保育与教育事业负主要责任，公共财政可以通过为低收入家庭购买公共服务的方式，保障其获得公共服务的机会；为使社区机构参与社会服务，相应的激励政策可以在一定程度上保障社区机构的项目收益，使其能够可持续发展；政府有责任制定并定期发布行业标准、培训材料及项目评估方案等政策，以保障社区机构项目的质量，避免其为寻求效益最大化而忽略服务质量。

（2）社区服务模式的突破：入户指导。在3岁以下儿童早期保育与教育领域，我国已有很多城市与地区开始设计入户指导的内容和形式，并实施入户指导。不可否认，在不简化其他服务形式的条件下，增加出来的入户指导服务将扩大社区的服务受众面，有效提高服务质量、直接解决家庭的特殊需求，其优势十分明显。从实践层面来看具体如下：①入户指导需要更加专业的育儿知识与服务意识，因此社区需要建立相关培训制度，培养一

批稳定的"入户指导师"，并且给予一定的津贴以弥补"入户"需要花费的额外工作时间和精力；②社区需要建立监督与回访机制，保证服务质量；③社区应该利用入户指导过程，建立大数据平台，跟踪社区家庭育儿情况与需求，为提供更加个性化的服务做好信息保障。

3. 服务的主要形式

以社区为基础的家庭科学育儿指导与咨询体系已经开展了形式多样的服务项目，如亲子活动（课程）、家长沙龙、游戏小组、节日（生日）活动、家庭远足、专家讲座、祖辈课堂等。亲子活动是其中最主要的服务形式。

（1）亲子活动的内容。要结合儿童的年龄特点和发展需要，选择适宜的活动材料，设计适宜的活动内容。活动内容应结合儿童的生活，以游戏为主要手段，渗透语言、动作、认知、情感、艺术、健康、养成教育等多方面的内容。同时，亲子课程不仅应面向儿童，也应同时面向家长。

（2）亲子活动的形式。亲子活动有不同的形式，可分为集体活动、小组活动和个别活动。这三种形式可以相互结合、灵活运用。当参与对象的年龄段不同时，更应注意分组开展活动，进行小组指导。

（3）亲子活动的时间。亲子活动按时间可以分为小时制亲子活动、半日制亲子活动和周末制亲子活动。小时制亲子活动指儿童在带养人的陪同下，参与早期教养机构一到两小时的早教活动。因为早期教养机构有新颖的玩具和与更多小朋友接触和交往的机会，儿童非常喜欢参与这种活动。半日制亲子活动指儿童在带养人的陪同下，参与早期教养机构半日的早教活动。这种活动形式比较利于儿童适应幼儿园的生活节奏和环境，为进入幼儿园进行比较正规的学前教育奠定很好的基础。周末制亲子活动指利用周末，带养人与儿童参与早期教养机构的活动。这种活动形式弥补了年轻父母平时因为工作忙，没有时间带儿童的遗憾。

早期教养活动按模式还可以分为"走出去"和"请进来"两类。

二、家园社三方合作共育的实践经验

（一）华师附幼的多方协同实践经验

华师附幼，即华南师范大学附属幼儿园，建立于1952年，建园伊始华师附幼的教师与儿童就把华南师大社区作为教育活动的重要场所。历经多年实践，华师附幼摸索出了政府牵头、专家引领、社区支持的协同共育模式，以及立足生情、园情、区情，梳理了资源开发、科研引领、基地共建、项目落地的合作共育路径。

1. 共育模式

（1）政府牵头，打造联动的合作共育机制。在半个世纪社区协同共育的探索中，华师附幼在省内率先打出了"协同共育，政府牵头"的第一张牌，即由所在社区行政部门党委校办牵头，向社区内十几个与学前儿童教育相关部门和单位发函，要求支持幼儿园课程建设和发展，共建教育实践基地，幼儿园协同共育办公会。在党委、校办的大力支持和推进下，形成了各单位主管领导主抓、专人对接的协同共育工作机制。

（2）专家引领，构建专业的协同共育框架。首先，整合社区内的专家资源，利用高校社区教育科学学院的资源优势，聘请社区内高等教育专家、基础教育专家、学前教育专家、教育主管部门领导担任幼儿园社区协同共育专家顾问。其次，专家顾问及其团队对社区协同共育模式进行了调研、论证，并在重要节点给予深度支持。最后，引领幼儿园逐步完成社区内教育资源的整合和优化，建立稳定的协同机制与和谐的教育生态。

（3）社区支持，建构温情的协同共育环境。在协同共育的实践探索中，在政府主导的基础上，幼儿园积极与协同单位开展"开放日""成果展示""节日共庆""社区宣传"等活动，让协同单位、社区人群在深度参与中感受到学前儿童教育的温度和爱的力量，形成有爱的教育共同体。

2. 共育路径

（1）资源开发。幼儿园提出了"社区教育资源"的概念，总结出了扩展资源开发主体、优先开发家长资源、关注事件性和情境性社区资源、打通信息获取渠道、注重社区资源的纵向挖掘、打造社区教育资源基地、对社区资源进行评估的策略。在资源开发中，幼儿园建立了社区教育资源库，提出了依托园所教师、家长群体、社区单位的资源库建设路径。

（2）科研引领。华师附幼在成为广东首批基础教育课程改革指南实验园后，以"社区教育资源开发与利用"为内容开展实验园项目的研究，并先后依托"幼儿园家长资源的开发与利用"和"幼儿园与社区教育实践基地协同发展的实践研究"等项目开展科学、规范的教育实践探索。

◎小贴士

　　社区教育实践基地是指幼儿园对社区教育资源进行评估与整合，并与优质教育资源所在机构和单位建立稳定的合作关系，集中开展教育实践活动，为幼儿园提供教育资源支持的基地。

　　（3）基地共建。2014年，在政府的支持下，华师附幼率先在社区内建立了第一批共计15个社区教育实践基地。2017年在社区教育实践基地的基础上，又建立了3个社区协同教育示范基地，从而打破"等""靠""要"的局面，将社区协同共育推向稳定化与制度化。

　　（4）项目落地。以社区教育实践基地为依托，在专家的引领下，幼儿园对基地资源进行整合与优化，建构了教育管理、幼儿成长、家庭浸润、社区受益四个模块，十多个协同项目，打造了幼儿园社区协同共育的扎实局面，形成了"人人谈教育、处处有教育"的良好的教育生态。

　　华师附幼的家园社合作共育模式将不同机构、单位、人群、资源进行有效整合，在"共建共享、幼儿发展"目标的引领下，利用自身优势发挥各自的教育功能，达成合作共育"1+1+1＞3"的教育效果。

（二）青羊区的"四轮"驱动家校社协同共育实践经验

　　青羊区是成都市辖区。成都在青羊区落实《中华人民共和国家庭教育促进法》，构建协同育人良好生态，形成高位推动、专业带动、评价促动、平台联动"四轮"驱动的家校社协同共育"青羊模式"，其特点主要如下。

　　1.坚持高位推动，凝聚协同共育合力

　　（1）提供组织和制度保障。自2016年起，将家庭教育工作纳入社会公共服务体系，成立由教育、妇联、民政等部门组成的家庭教育协调领导小组，设立家庭教育指导中心，以政府为主导，陆续出台多项配套文件。

　　（2）发挥学校阵地作用。强化家校沟通衔接，督促教师采取传统家访和信息技术手段相结合的方式，将学生的在校表现、课堂表现等及时向家长反馈，针对性制定个性化教育方案；学校开办"家长学校""家长课堂"，传授交流先进教育理念、科学教育方法，带动家长家庭教育能力持续提升。

　　（3）发挥家长主体作用。指导家长扛起主体责任，言传身教发挥榜样力量，参与亲子阅读、亲子烘焙、亲子茶艺、社会实践等活动，上、下学高峰时段参加护学志愿服务，形成亲子良性互动、共同成长的生动局面。

2. 坚持专业带动，校准协同共育方向

（1）做强人才保障。家庭教育指导中心积极引进教育学、管理学、心理学、法学、医学、社会学等多领域专家学者，打造一支"跨界专家团队"；通过培训、交流等方式为每个学校培养有资质的家庭教育专业指导师，组成覆盖全区学校、社区共一万多名的指导师团队。

（2）做深理论支撑。全区中小学、幼儿园全覆盖成立家校社共育科研团队，结合本校实际开展家庭教育研究与实践，为协同共育提供有力理论支持。

（3）做精课程研发。协同省委宣传部、省社科联青少年性教育普及基地和西南民族大学专家团队，开发理论与实践互为依托的"七段三块"家庭教育系列课程，覆盖早教段、中小学等学段，及时开设性健康教育、劳动教育、安全教育等课程，为家长实施家庭教育精准导航。

3. 坚持评价促动，压实协同共育责任

（1）首创推行家长评价。独创"家长＋家委会＋学校"家庭教育星级机制，根据不同年段学生成长特点，将家庭教育重点工作细分为一系列操作事项，编制《星级家长评选办法》，定期对家长进行评价定星，督促家长在点滴生活中注重言传身教，在潜移默化中提高家庭责任主体意识。

（2）联动推行家委会评价。健全区级、校级、年级、班级四级家委会组织架构，将星级家长评价与星级家委会评价直接关联，星级家委会评价结果纳入到学校绩效评估体系，推动家庭教育指导服务与学校规范化办学深度融合。

（3）差异推行学校评价。针对区内学校历史沿革、校园文化、学生家长群体构成设置基础指标和特色指标，考核结果与教师奖金挂钩，引导各校创优争先。有的学校发动家长"晒家风、家训、家宝、家信"，有的学校将家长课堂延伸至社区学龄前儿童家庭，形成家庭教育研究与实践长效机制。

4. 坚持平台联动，整合协同共育资源

（1）用好社区服务空间。将全区几十个社区少年宫纳入社区家庭教育指导机构，开设智慧父母学习沙龙、家庭教育社区加油站、社区家庭教育名师工作室，全天候免费为家长提供照看儿童、家庭教育类问题咨询等服务，成为家庭教育"充电站"和全区家庭教育机构最末端的有效补充。

（2）盘活当地文化资源。依托省博物馆、图书馆等丰富文化资源，举办

家庭教育公益讲座、亲子实践体验课堂、语音和视频微课，使家长受益。

（3）拓展线上教育平台。开通电话咨询专线，接待家长咨询；聚焦家庭教育难点热点，推出网络直播课、青羊家长微论坛；推出祖辈学堂微课、家庭教育普法宣讲微课，多方协同共育的家庭教育新格局正在加速成型。

知识测试与实践

一、知识测试

（一）单项选择题

1. 家庭、学校、社区"三位一体"的儿童协同教育共同体以（　　）为连接中介。

A. 家庭　　　　　B. 儿童　　　　　C. 学校　　　　　D. 社区

2. 在学习型社会建设中，家庭、幼儿园和社区的关系，描述不正确的一项是（　　）。

A. 三个主体各自发挥着不同的作用

B. 三者统一于整个大教育体系之中

C. 三者之间相互影响与依存，体现出辩证统一的关系

D. 其中，社区占绝对主导地位

（二）判断题

1. 学习型社区是社区教育的发展目标。（　　）

2. 家长委员会中的委员必须由全体家长提名。（　　）

（三）简答题

华师附幼和青羊区在家园社三方协同共育方面的实践经验主要有哪些？

第七章知识测
试参考答案

二、实践题

1. 结合所在社区实际，举例说明本社区家园社合作共育所采用的主要模式与方法。

2. 时代在不断发展，家园社合作共育的模式与方法也在不断创新。请结合所在社区的做法，发掘整理家园社合作共育的新思路与新方法。

参考文献

[1]顾晓红. "互联网+"背景下幼儿园开展家园共育的策略[J]. 教育界（B），2021（7）：77-78.

[2]李贵希，王燕. 学前儿童家庭与社区教育[M]. 北京：北京师范大学出版社，2015.

[3]李燕，张惠敏. 学前儿童家庭与社区教育[M]. 北京：高等教育出版社，2017.

[4]刘剑玲. 社区发展与家庭教育（修订版）[M]. 北京：清华大学出版社，2020.

[5]沈佩琪，张丽微. 学前儿童家庭与社区教育[M]. 长春：吉林大学出版社，2017.

[6]宋睿. 家、园、社区合作共育的实践研究[D]. 南京：南京师范大学，2009.

[7]乌焕焕，李焕稳. 0～3岁婴幼儿教育概论[M]. 北京：北京师范大学出版社，2019.

[8]吴冬梅. 幼儿园、家庭、社区协同共育[M]. 上海：复旦大学出版社，2020.

[9]吴若蓝，胡益敏，张利洪. 近四十年幼儿园、家庭、社区合作共育研究的回顾与展望[J]. 广州广播电视大学学报，2022，22（3）：51-57，109-110.

[10]肖全民，周香. 幼儿教育概论[M]. 北京：北京师范大学出版社，2012.

[11]叶璐，林丽娜. 学前儿童家庭教育及家、园、社区合作共育[M]. 成都：西南交通大学出版社，2020.

[12]于冬青. 学前儿童家庭与社区教育[M]. 长春：东北师范大学出版社，2021.

[13]张立驰. 家庭文化教育[M]. 北京：北京师范大学出版社，2018.

[14]赵孟静. 学前教育学[M]. 北京：首都师范大学出版社，2019.

[15]周雪艳. 学前儿童家庭与社区教育[M]. 2版. 上海：复旦大学出版社，2015.

全国职业院校
技能大赛试题
选编